湛庐CHEERS

与最聪明的人共同进化

HERE COMES EVERYBODY

你知道如何建立更和谐的亲子关系吗?

扫码加入书架

领取阅读激励

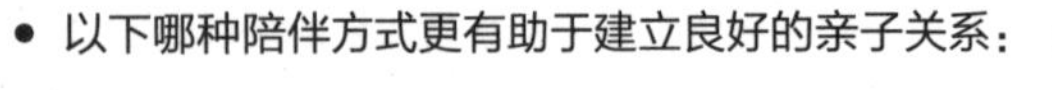

- 以下哪种陪伴方式更有助于建立良好的亲子关系：（　）

  A. 和孩子一起看电影

  B. 和孩子一起做运动

  C. 和孩子一起看动画片

  D. 和孩子一起出门看风景

扫码获取全部

测试题及答案，

一起了解好

教育的 5 大关键。

- 孩子不小心犯了错误，你应该：（　）

  A. 不理会，让孩子自己处理

  B. 大声斥责，让孩子感到愧疚

  C. 认真听取解释，并尽可能理解孩子的想法

  D. 适度惩罚，比如缩短孩子看动画片的时间

- 以下哪种做法可以帮助父母建立与孩子之间的信任关系?（　）

  A. 时刻提醒孩子做事要认真

  B. 经常指导孩子按自己的要求做事

  C. 对孩子犯的错误提出严肃的批评

  D. 经常与孩子聊天，了解他们的想法和感受

扫描左侧二维码查看本书更多测试题

当今父母在“追求成功”的裹挟下，不自觉地剥夺了孩子在童年时感受幸福的很多机会。而童年的价值恰恰在于孩子可以真正投入自己喜欢的事情中，去体会内心的巨大满足感。《成长的心法》是给新时代父母的教育枕边书，希望父母都能从书中汲取养分，为孩子创造自由生长的土壤。

彭凯平

清华大学社会科学学院院长，心理学教授

朱永新教授的新作《成长的心法》保持了他作品的一贯风格：真诚、亲切、生动，站在儿童的立场上，促进他们的全面发展。成长的心法，讲的是家长、教师、成人在与孩子、与学生、与儿童交流的过程中，要以心换心，这个

“心”不仅是爱，不仅是智慧，不仅是艺术，而且需要其他非认知因素，即社会与情感能力，特别是社会责任感，尊重与合作能力，情绪控制能力，开放思想的能力，交往与领导能力，等等。我们与孩子的交往，是教育的过程，更是情感的交流、生命的对话，教育者首先要受教育，要提高自己的社会与情感能力，这就是儿童成长的“心法”。

袁振国

华东师范大学终身教授，教育学部主任

朱永新教授的新作《成长的心法》是家庭教育的最新研究成果。本书以全新的视角、全新的教育思想理念、全新的教育方法，提出了没有“关系”，就没有教育，只有好的“关系”才能成就好的教育的思想，强调在孩子成长中如果没有教育者与受教育者建立的“关系”，一切就都失去了意义，在家庭教育中建立和谐的家庭关系、亲子关系才能取得更好的教育成效。怎样才能建立良好的亲子关系，本书重点提出了“尊重、信任、探索、爱、陪伴”这 5 大关键。本书是父母教育孩子的难得的必读读物、与孩子共同成长的家教指南。

翟　博

中国教育学会常务副会长

儿童本位一直是近代以来教育变革的理想，西方的洛克、卢梭以至杜威，到东方的王阳明、李贽以至陶行知，作为东西方儿童本位观历史进程中的代表人物，在人类教育发展史上留下了浓抹重彩的几笔。但是教育发展的历史表明，现代学校一直不是实现儿童本位的理想场所。朱永新教授作为当代倡导儿童本位观的旗帜性人物之一，在他的一系列著作中，以家庭、学校和社会的大教育观、历史观的整体视野，特别是对现代家庭和现代家庭教育的特有情怀，从现代家庭、未来社会、现代家庭教育与现代学校的关系等多维度不断探究儿童生命历程中体现出的成长本质。《成长的心法》就是这一探索的最新成果。其中以尊重、信任、探索、爱和陪伴为 5 大关键的家庭亲子关系，构成了一张无形的现代家庭教育之网，儿童身处这样的成长空间，汲取丰富的家庭营养，积蓄独立、有爱和充满责任心的人格力量，能够成为“最好的自己”。

吴重涵

江西师范大学教授，博士生导师，

中国教育学会家庭教育专业委员会副理事长

“园丁式养育”的5大关键

近年来，教育界、心理学界都特别关注“关系”的问题。过去，教育界更多地关注课程、课堂、教学环节等，这些都是和教育紧密相关的内容。但是，我们逐渐发现，如果没有教育者与受教育者建立的“关系”，一切都没有意义。没有“关系”，就没有教育，只有好的“关系”才能成就好的教育。这是学者们通过很多科学研究得出的一个非常重要的结论。

突如其来的新冠疫情也让我们更好、更深刻地思考了“关系”和教育的内在联系。为什么呢？三年疫情让许多父母和孩子在一个空间里相处的时间比以往更长。我们本以为在这段时间里，如此亲密的陪伴会使亲子关系得到更好的发展，家庭教育也会往更好的方向发展。事实上，的确有一部分家庭在这两个方面做得很好，父母抓住了跟孩子待在一起的机会，陪着孩子一起阅读、一起讨论、一起探究、一起交流、一起分享，建立了更加和谐的家庭关系、亲子关系，也取得了更好的教育成效。

但是我们也注意到，在相当多的家庭里，亲子关系反而变得紧张了，这是为什么呢？过去，很多父母是"影子父母"，平日里跟孩子见不上几面。但在新冠疫情期间，孩子们每时每刻都处于父母的监控之下，父母像警察一样紧紧地盯着孩子，对孩子的批评和训斥变多了，父母和孩子的关系于是就变得紧张了。很多地方的统计数据表明，在新冠疫情期间，孩子的问题行为变多了。这是一个非常值得关注的问题。

我们知道，教育是人与人的互动，是教育者与受教育者共同成长的过程，如果教育者与受教育者之间没有建立良好的关系，教育往往就很难收获成效。因此，清代著名思想家戴震就认为："理也者，情之不爽失也。"这句话是说，如果没有从情感上接受，孩子们就难以吸收道理和知识，就算起初理解了，以后也会丢掉。因此，教育的第一步，其实就是建立良好的关系，这也是教育的基石。仔细想一想，我们在学校的成长历程不也是如此吗？你喜欢上什么课？如果喜欢上语文课，那你多半是先喜欢语文老师，然后再喜欢上他的课；如果喜欢上数学课，那你多半是先喜欢数学老师，然后才会喜欢上他的课。其实教育里最重要的是建立关系，那些高明的老师和父母会与孩子建立良好的关系。有了关系，教育才能真正地开始。

那么，怎样才能建立良好的亲子关系呢？针对这个问题，我提出5个关键词：尊重、信任、探索、爱、陪伴。我认为，只有重视这5点，才能建立良好的亲子关系。

有平等关系才能更好地互相尊重

父母千万不要以为“尊重”这一点很容易做到。孩子尊重父母容易，父母尊重孩子不容易；员工尊重领导容易，领导尊重员工不容易；地位低的人尊重地位高的人比较容易，地位高的人尊重地位低的人不容易。尊重的最重要前提就是关系平等。我相信，大多数人的父母都说过类似的话："你是我生的，你不听我的怎么行啊！"父母很少会想到，孩子跟他们一样平等。

我曾经看过一个让我非常感动的故事。苏联有一位著名作家，有一天晚上他出去散步，一个乞丐向他乞讨："先生行行好，给我点吃的吧。"这位作家在包里掏了很久，但什么东西都没掏出来，因为他晚上出来散步时既没带钱，也没带吃的东西。于是他说："对不起啊兄弟，我什么都没带，真的很抱歉。"没想到这个乞丐紧紧地握住他的手说："谢谢你，先生。"作家就更内疚了，他什么都没给乞丐，乞丐还这么真诚地感谢他。乞丐继续说："先生，你给了我世界上最珍贵的东西——你把我当人。这么多年来，我已经不把自己当人了，那些孩子追我、用砖头砸我，那些狗追着咬我。本来今天我想乞讨到一顿饭就离开这个世界的，但是你称我一声'兄弟'。为了这声'兄弟'，为了感谢你把我当人看，我也得活下去。"一声"兄弟"、一次尊重，救了一条人命。

同样，孩子也会希望得到他人的尊重。当父母把孩子看作比自己低一级的人时，父母并没有做到尊重孩子。如果父母尊重孩子，把孩子看作一个和自己平等的人，跟孩子一起协商，一起讨论，孩子自然愿意和父母交流。因为，父母这样做让孩子更有尊严感。有了尊严感，孩子就有了信心和能量，就能更好地成长。因此，我觉得父母和孩子学会互相尊重是非常重要的。

在美国社会心理学家马斯洛提出的人类需要五层次理论中，人类五大需求层次呈金字塔结构，最下面一层是生理需要，最上面一层是自我实现的需要，而尊重的需要仅次于自我实现的需要，位于第二层。父母要尊重孩子，不要低估孩子的理解力，不要强迫孩子什么都顺从自己。家庭成员应该是平等的。我认为，父母建立这样一种平等的意识是非常关键的。

孩子没有得到信任就不可能有自信

信任在教育中同样具有特别的意义，因为信任往往基于我们对孩子的基本假设：每个孩子都是最棒的，每个孩子都能成为最好的自己。目前，我们的教育有一个很大的问题，那就是我们不信任孩子，我们以一个很高的标准衡量孩子，要求所有的孩子都达标，忽视了很多孩子离这个标准还很远，这些孩子也就渐渐地对自己失去了信心。其实，教育应该是帮助一个人建立自信的过程，而孩子没有我们的信任就很难有自信。我曾经在其他文章中写到过，每个人来到这个世界的时候，身上都配置了一个成功的密码。只要找到这个密码，就能成功，即成为最好的自己。但遗憾的是，现在我们还在用同一个标准去要求所有的孩子。其实每个孩子都有可能成为最好的自己，信任孩子就是实现这个目标的关键。

前不久，一个故事让我很感动。这个故事是这样的：有一对年轻的夫妇，他们都是“985 工程”大学毕业的高才生，后来又去了美国的一所常春藤大学做博士后。两位“学霸”以为自己完全有能力培养出新一代的“学霸”。但是，他们万万没想到，自己的孩子学习很糟糕。他们想不通为什么孩子的学习成绩这么差，进而对自己的孩子失去了信任。后来，这对夫妇慢慢发现，他们的孩子除了成绩差一点，其他方面都很出色，比如，他的身体素质很好，人际关系也处理得很好，对爸爸妈妈也特别好。孩子还非常喜欢烹饪，并且无师自通，能料理出一桌好菜。这对夫妇吃着孩子做的菜，品味着幸福，开始重新认识自己的孩子。他们开始学着信任孩子，不再用学习成绩要求他。渐渐地，他们认为，这样的孩子也很优秀，有这样的孩子也很幸福，不一定非要让孩子上好的大学。上好的大学的目的不也是追求幸福吗?

其实，幸福比成功更重要，成人比成才更重要。让孩子做自己喜欢的事，让他做一个烹饪大师，让他做一个受别人欢迎和尊敬的人，也是一种幸福。总之，信任是教育的一大前提。信任孩子，让他做自己喜欢的事，孩子就能开心地成为他自己。父母只有信任孩子，孩子才会信任父母，这是一个相互的行为。

让孩子在探索中成长，在玩耍中学习

每当我们仔细观察孩子的世界，我们会发现，他们对于学习的热情和能力远超我们成年人的想象。孩子们的大脑如同吸收知识的海绵，他们通过游戏和探索，不断地学习和成长。然而，在当前的教育体系中，我们似乎忘记了这个本质，将学习局限于书本和课堂。

现在孩子们学得很苦，父母也很烦恼。其实，教育应该是一件很幸福的事情。孔子讲“学而时习之，不亦说乎”，我们应该把幸福还给孩子。通过游戏和玩耍，孩子们不仅能学习知识，还能提高社交技能、创造力和问题解决能力。假装游戏、探索，甚至与朋友的打闹，这些看似简单的活动，实际上是孩子们理解世界、锻炼思维的重要途径。而当我们剥夺了他们这种学习的机会，我们也就切断了他们认识世界的一种自然而有效的途径。

父母和教育者应该认识到，学习不仅仅是发生在课堂上的活动。孩子们在玩耍中也在学习，而且是以一种更自然、更高效的方式。玩耍是他们与世界互动的方式，是他们构建知识和技能的途径。这种探索式的学习鼓励孩子们对周围的世界产生好奇，激发他们提问和寻找答案的欲望。为什么不把这种天生的好奇心和探索欲转化为有效的学习呢？

因此，优秀的父母应该创造一个让孩子在玩耍中学习的环境，在探索中成长。这样，我们不仅能帮助他们建立起坚实的知识基础，还能培养他们成为终身学习者，对世界充满好奇和热情。我们的目标应该是让孩子们在快乐中学习成长，而不是在枯燥无味的教育模式中失去对学习的热爱。

智慧爱，而不是溺爱

教育仅仅有爱是不够的。高尔基曾说：“爱孩子，那是老母鸡都会做的事情。”爱是一种本能，是人类天然会产生的一种情感。但是，真正的爱是“智慧爱”。没有智慧的爱，爱可能会变成害。而教育仅仅有智慧也是不够的，夏丏尊先生说，没有情感的教育就像没有了水的池塘。没有爱的智慧，智慧也无法真正发挥作用。所以，爱应该与智慧同行，爱才有深邃隽永的价值；智慧应该与爱同行，智慧才有生命的温度。

智慧爱的反面是溺爱。溺爱最大的特点是不讲规矩、没有底线，缺乏原则。比如，许多家庭对孩子的任何购物欲望都尽可能满足，不考虑孩子究竟是否需要，家庭经济状况是否允许，购买难度有多大。这样无底线、没规矩、不讲原则的爱，其实不是真正的爱，而是真正的害。所以，父母必须守住爱的底线，坚持有原则、有规矩的爱。

智慧爱是尊重孩子的个性，给孩子充分的自由成长空间的爱。许多父母经常用爱孩子的名义包办孩子能够做的所有事情，这其实已经剥夺了孩子成长的权利。成长与发展的权利，是儿童最重要的权利。

智慧爱是理性之爱，也是距离之爱。距离产生美。与孩子保持适当的距离，是教育孩子最重要的艺术之一。如果靠得太近，孩子会很不自在，因为你“侵犯”了他的生活空间；如果离得太远，孩子也会很不自在，因为他觉得缺乏了保护，没有安全感。

很多孩子为什么误入歧途，为什么跟父母关系那么紧张？因为他们对爱产生了怀疑，他们感觉不到温暖，不相信父母还在爱着他们。父母的确应该反思如何创造一种有分寸、有节制，同时又无处不在、让孩子能够感受到的爱。

陪伴并不意味着全时空地在一起

陪伴是我想特别强调的一点。很多父母的确没有好好地陪伴孩子，因为孩子成长的关键时期，基本上也是正值青壮年的父母在工作上打拼的关键时期，工作上的琐事往往让他们无暇照顾孩子。很多二三十岁的父母工作繁忙，他们到处奔波、忙碌，根本无暇好好陪伴孩子。他们中的许多人成为“影子父亲”“影子母亲”，很多人为了省事，就把孩子送去爷爷奶奶、姥姥姥爷那里。其实，对孩子来说，爷爷奶奶、姥姥姥爷是无法代替父母的。此外，父母们一定要清楚，你们跟孩子在一起的时间是有限的，等到孩子长大了，再想跟他们待在一起，还不一定有这样的机会。父母要好好地珍惜孩子的成长关键时期，尽量多陪伴孩子，这样做不仅能让孩子有幸福的童年回忆，也能让父母拥有一段非常幸福的亲子时光。

在我的儿子成长的关键时期，每个暑假我都带他出去旅行。现在回忆起来，我觉得我这一生最幸福的时光，就是跟孩子一起到全国各地游玩的时光，而这些时光是无法重来的。如果我现在再对我的儿子说“今年我们一起出去玩吧”，他也许不一定会愿意，因为他可能有自己的安排，毕竟他也有了自己的孩子。

很多年前我曾经写过一篇文章——《父亲是男人最重要的工作》，其中就探讨过陪伴的问题。陪伴当然不只是父亲一个人的事情，而是包括父母在内的所有家庭成员的事情。三年疫情期间，许多父母有很多的时间与孩子朝夕相处，时刻陪伴着孩子，但是为什么还是没有陪伴好孩子？因为那是低品质的陪伴，而低品质的陪伴还不如不陪伴。陪伴并不意味着随时随地都待在一起。很多父母的一个共同问题，就是他们不知道如何有效地跟孩子相处。

那么，怎样才能做到有效陪伴呢？我前面讲到的亲子旅行是一种非常好的陪伴方式，当然这种旅行不只是简单的看风景。如果你把旅行视为简单的看风景，那么陪伴的质量也就降低了。其实，旅行有着非常好的教育作用。你到一个地方旅行时会发现，这个地方的风土人情都可以成为教育的重要内容。在旅行的时候，你和孩子可以运动，也可以与他人交流，旅行的过程完全可以变得非常丰富多彩。为什么研学旅行现在那么“火”？原因就在于研学旅行非常有趣，与我们的生活关系密切。

跟孩子一起运动也是一种很好的陪伴方式。运动具有互动性、竞技性，无论是玩游戏还是参加运动比赛，孩子都会非常投入，觉得非常有趣。

当然，还有一种重要的陪伴方式，就是亲子共读。

20 多年前，我发起了新教育实验。新教育实验有十大行动，第一个行动就是营造书香校园。其实，“营造书香校园”不限于校园，也可以在家中进行。一个书香家庭对孩子的成长是非常关键的。我曾经讲过：“最好的学区房就是你家里的书房。”父母花很多钱去择校，还不如好好地陪伴孩子读书。如果父母能帮助孩子培养读书的兴趣，让孩子养成读书的习惯，孩子今后一定会有较好的发展。

苏州大学的唐晓玲教授写过一本书，叫《父母的书架决定孩子的未来》。唐教授本来想在书中写我的读书故事，后来我建议她写我们新教育人的读书故事。因此唐教授搜集了大量的新教育实验案例，这些案例充分地表明，书香充盈的家庭往往都是非常和谐的家庭，都是拥有良好关系的家庭。这是因为，亲子共读以后，父母和孩子会有共同的语言、共同的“密码”、共同的价值取向、共同的信仰、共同的愿景。父母和孩子有了共同语言以后，教育就能真正开始了。

我还记得一位山东父亲的故事。这位父亲是一个知名的企业家，经常在外喝酒应酬。后来，开展新教育实验的老师要求这位父亲跟孩子一起读书，他“被逼无奈”地跟女儿一起读书。读了一个月以后，他就发现，读书比喝酒有意思多了。有一天，几家人聚在一起，女儿就在饭桌上问爸爸:“谁是你的夏洛？”其他人都不知道夏洛是谁。原来，父女俩刚刚读了《夏洛的网》，这本书讲的是小猪威尔伯和蜘蛛夏洛的故事。当小猪威尔伯就要被送进屠宰场时，蜘蛛夏洛为了救它，就在门上织了三个字——“王牌猪”，一下子就让小猪威尔伯的主人和村里的其他人惊呆了，他们都觉得这是一件神奇的事情！小猪威尔伯因此活了下来。后来，每到关键时刻，蜘蛛夏洛就会织出一段精彩的文字来帮助小猪威尔伯。

这本书讲的其实是友谊，是真诚，是爱。对于“谁是你的夏洛”这个问题，只有读过这本书的父女俩才懂。所以，共同的阅读生活能带来高质量的陪伴，如果只是简单地和孩子待在一起，孩子和父母有可能会变成同处一个屋檐下的陌生人。

即使父母与孩子不在同一个空间，也可以在精神上通过亲子共读、相互交流的方式走到一起。现在有很多留守儿童和父母不常年住在一起，如果可以经常通过视频交流、分享彼此的所见所闻，其实也能拉近彼此的“距离”。陪伴不一定就是指在同一个时空里的陪伴，精神上的陪伴也很重要。

父母不要总想着怎么教育孩子，怎么提高孩子的学习成绩，而要思考一下怎样才能与孩子建立良好的关系。一旦父母跟孩子的关系建立好了，亲子关系和谐了，教育就开始了，孩子就可以在良好的关系中阳光地成长了。建立平等、和谐、良好的亲子关系，是整个家庭教育的基石。关系好了，教育才会好；关系好了，孩子才会好。

在这本书里，我想与大家一起重读《园丁与木匠》（*The Gardener and the Carpenter*）[①]。这本书的作者艾利森·高普尼克（Alison Gopnik）是牛津大学的心理学博士和加州大学伯克利分校的心理学教授与哲学教授，也是国际公认的儿童学习与发展研究领袖，在儿童的大脑、心智和学习方式这些方面有丰富的研究成果和独到的见解。高普尼克在《园丁与木匠》中强调了父母与孩子关系的重要性，这也是本书的主要观点之一。

对于父母来说，最重要的奖励不是孩子的优秀成绩，或者考上了名牌学校，找到了高薪体面的工作，不是孩子们的这些“高光”时刻，而是你与孩子们在一起时身心上的愉悦，你真正享受的那些与孩子在一起的点滴时光。陪伴是最长情的告白，父母与孩子一起成长是最美丽的教育风景。

让我们一起翻开这本书，看看园丁与木匠有什么不同，看看什么是儿童的天性，看看什么才是智慧的爱。

① 本书由湛庐策划，2023 年由浙江科学技术出版社出版。内文中的引文据此版本，但有个别修改。

目录

第二部分

信任

让孩子自由地成长

第三部分 探索

学会在玩耍中学习

第四部分 爱
为孩子的旅程提供给养

第五部分

陪伴

共同面对成长中的问题

第一部分

尊重

孩子是一个独立的人

父母应该把儿童看作平等的人，

有独立个性的人，

同时要自觉地意识到：

尊重童年。

01 为人父母就像在园子里种花

“

养育孩子是人类工程中最根本、最深刻、最宝贵的一部分。它不是做木匠活，誓要将孩子按照设计好的模样去雕琢。相反，为人父母就像在园子里种花，旨在提供一个营养丰富、安全稳定的环境，让各式各样的鲜花茁壮成长；旨在为孩子提供一个健康、强大、多样的生态系统，让他们自己创造具有无限可能的未来。每一对父母和子女之间都会形成非常特别的爱，这是一种长期、奉献的爱，没有任何附加条件。

”

——高普尼克

家庭教育思想的要义包含四重内容。第一，养育孩子是人类所有事业中最重要、最根本、最深刻、最宝贵的工作之一，它是人类自身发展的基础工程。第二，养育孩子不是做木匠活，不能按照事先设计的模样去雕琢和打造一个标准件。第三，养育孩子与园丁的工作比较相似，要想让各种各样的植物百花齐放、各美其美，园丁只须为它们提供营养丰富、安全稳定的环境，建立一个良好的生态系统，让花草自由生长。第四，父母与孩子之间有一种基于血缘的特殊的爱，这种爱没有任何附加条件，不求任何回报，是一种无私的爱。

总之，好的教育者就像好的园丁，我们不要用一个固定的标准去要求所有的孩子，而要尊重每个孩子的个性，让他们成为最好的自己。

02 照顾孩子就像照顾花园

> “要理解我们与孩子的特殊关系，也许最好借用一个古老的比喻。照顾孩子就像照顾花园，做父母就像做一个园丁。”
>
> ——高普尼克

园丁是相对于木匠而言的。传统教育就像在做木匠活，父母和老师扮演的都是木匠的角色。木匠的工作就是把木材打造成最终的产品，他可以通过查看完成的产品来评估他所做的工作有多好：“这是门吗？这把椅子牢固吗？”混乱和变形是木匠的敌人，精确和控制力是他的盟友。也就是说，木匠的工作强调的是精确与控制，一切按照流程、工序、标准来进行。但是，人毕竟不是木头，而是一个生命体。对人来说，要像木匠那样精确地打造人不仅不可能，还会造成伤害。

现代教育更像一个照顾花园的工作，父母和老师扮演的都是园丁的角色。对园丁来说，“特定计划总是会失败”，花儿不会按照园丁的意志生长和开放。更重要的是，园艺的最大胜利和欢乐“正来自花园摆脱我们的控制之后发生的事：当白色的鹤虱草花意外地出现在黑色紫杉树的前方，当被遗忘的水仙跑到了花园的另一边，在蓝色的勿忘草丛中怒放，当那些本来应该被牢牢固定在树荫下的葡萄藤在树丛中长成红色的风暴……”这些时刻，才是园丁最荣耀的时刻。

优秀的园丁不会让某一株植物生长得最高、最美或者让某一株植物最长盛不衰，而会“致力于创造肥沃的土壤，以涵养整个生态系统，其中不同的植物具有不同的优势和美丽，同时也具有不同的弱点和生长困难”。当然，任何比喻都是有缺陷的，我曾在《致教师》一书中指出，教师不是园丁，教师本身也是花儿。高普尼克只是从工作的确定性与不确定性、流程的可控制性与不可控制性来讲述园丁与木匠的不同，提醒我们要尊重生命自身的特点与生长规律，注重创造良好的生态环境，让孩子自由地生长。

03 幸福比成功更重要，成人比成才更重要

“

好父母不一定会把孩子变成聪明、快乐或成功的成年人，但可以打造出强健、具有高适应性和韧性的新一代人，以使他们更好地应对未来将要面临的不可避免、不可预测的变化。

”

——高普尼克

教育充满了不确定性和不可控制性，因此任何人都不可能像捏泥人一样把孩子完全塑造成自己希望的模样。父母和老师就像园丁一样，也会面临“担忧甚至心碎的时刻”。每个园丁都体验过最有希望长好的幼苗却意外枯萎的痛苦，因此，好的父母和老师虽然不一定会把孩子变成聪明、快乐或成功的成年人，但是会努

力把他们培养成“强健、具有高适应性和韧性的新一代人”。

如何让孩子在不确定的环境中生存与发展？我们需要让孩子熟悉不确定的环境，掌握在不确定的环境中解决问题的方法。传统教育最严重的缺陷之一，就是用固定式的思维去培养孩子，仿佛一切问题都有标准答案，解决问题只需要记忆，不需要合作和批判性思维，也不需要胆略和毅力，这样自然不可能打造出强健、具有高适应性和韧性的人才。

我曾经反复强调，幸福比成功更重要，成人比成才更重要。一个强健、具有高适应性和韧性的人，虽然不一定拥有令人羡慕的荣誉、地位和收入，但是一定能够化解人生的各种矛盾，战胜人生的各种困难甚至灾难，平静、坦荡地笑对生活。

04 好关系才有好教育

“在我们急着比较照顾孩子和其他活动可带给我们的好处之前，让我们先停下来，欣赏、赞叹一下父母和子女间那独一无二的美好关系。这种关系的本质就非常珍贵，也就是说，照顾孩子这件事本身的意义不能仅仅用孩子未来能回报多少来衡量。”

——高普尼克

好关系才有好教育。亲子关系本来就是人世间“独一无二的美好关系”。这种关系基于血缘又超越血缘，虽然父母可能也会抱有“养儿防老，积谷防饥”的“回报”思想，但是总体而言，父母对孩子的养育是没有太多利益诉求的。

高普尼克对哲学家詹姆斯·穆勒（James Mill）的“功利主义”观点和康德的“道义论”都进行了分析，认为这两种理论都不能很好地解释亲子关系的本质，也就是说，父母对孩子的养育既不是为了追求利益的最大化，也不是出于道德上的义务，而是因为一种独一无二的爱。我们只有用“价值多元论”对具体情况进行具体分析，才能得到合理的解释。因此，高普尼克建议我们不妨先停下来欣赏并赞叹一下亲子之间那种纯真、美好的关系，感受一下“对一个生命铺天盖地的爱”，然后就会知道，付出和努力是有意义的。父母的付出和努力不仅是为了孩子，也是为了自己。

05 早期的亲子关系影响人的一生

“

从进化的视角来看，成年人和孩子的关系至关重要。发明、创造等人类独有的能力乃至传统、文化、道德等人类社会独有的要素都在亲子关系中萌芽，这些能力和要素是人类与其他物种最大的区别。可以说，是亲子关系让我们成为真正的人类。

”

——高普尼克

为什么成年人和孩子的关系在儿童成长过程中如此重要？因为人类是所有动物中本能最少、最需要学习的。人类与其他大部分动物不同，后者往往不需要经过大量的练习、适应、模仿或经验的累积，就能表现出某种协调一致的复杂固定性行为，例如蜘蛛结网、蜜蜂“跳舞”和鸟类迁徙等，这些都是本能行为。而人类无论是说话还是行走，无论是社会交往还是生存、生活技能，大多是在成长的早期，或通过模仿成年人，或在成年人的指导下反复练习才学会的。

发明、创造等人类独有的能力大多是在亲子关系中萌芽的，这是人类与其他物种最大的区别。也正因此，高普尼克得出重要结论——“是亲子关系让我们成为真正的人类”。大量的心理学研究成果也表明，人类成长早期的亲子关系对人的一生具有重要的影响。也就是说，在家庭教育中，良好亲子关系的建立是最重要的基础工程。

06 父母是人不是“神”

> “虽然孩子们经常认为父母是全能的、无所不知的，但作为父母，我们都不无痛苦地明白，自己完全没有类似‘神’的权力和权威。尽管如此，无论是父母还是关心孩子的每个人，都是人类故事中最令人动容的那一部分的主角和见证人。这使得成为父母本身就充满意义。”
>
> ——高普尼克

在孩子眼里，父母往往是无所不知、无所不能的存在，就是一个“神”。一直到孩子进了学校，这个“神”的位置才逐步被老师取代。但是，作为父母和老师，我们千万不能滥用孩子的这种信任，千万不能真的把自己当作“神”。

目前，还没有真正意义上的“父母学校”，父母们基本上都是自发地按照上一辈的抚养经验和家庭教育的传统在孩子身上“复制”自己的受教育历程。绝大多数父母是在没有经过系统的学习培训、没有拿到“驾驶证”的情况下就匆忙“上路”的。所以，在家庭教育中，很多父母经常会犯错误，经常会出现疲惫感和无力感，有时候甚至会痛苦不堪。这也是现在许多父母出现焦虑情绪的重要原因。

高普尼克指出，培养孩子，关心孩子，见证并参与一个生命的成长，是“人类故事中最令人动容的那一部分”。帮助孩子从最具依赖性的生物转变为最具自主性的生物，从一个自然人转变为社会人，是一件充满意义、非常了不起的事情。所以，父母应该自觉地学习育儿知识，学一些教育学、心理学和儿童发展理论，学一些优秀父母的家庭教育经验。更重要的是，父母应该建立和谐、民主、平等的家庭关系，把孩子当作自己的“同学”，呵护他们，并与他们一起成长。把孩子从一个懵懵懂懂的幼儿培养为朝气蓬勃的青年，这是一段充满意义的旅程。

07 父母应该是一座桥梁，沟通起过去和未来

“

父母和祖父母，他们的重要任务之一是给下一代提供文化历史感和延续性。如果失去了和历史的联系，那我们的下一代就会失去很多东西。为人父母，不只需教育子女，还需成为一座桥梁，连接起过去和未来。

”

——高普尼克

“代沟”的概念最早在20世纪60年代末由美国人类学家玛格丽特·米德（Margaret Mead）在其著作《代沟》（*Culture and Commitment*）中提出。“代沟”是一个重要的社会学和心理学概念，是指两代人之间在思想方法、价值观念、生活态度、兴趣爱好等方面存在的心理距离或心

理隔阂。如何才能缩短这种距离、弥合这种隔阂呢？高普尼克认为，这就需要长辈以“桥梁”的身份出现，父母和祖父母都是晚辈成长的桥梁。长辈能够为晚辈在过去和未来之间架起一座美好的桥梁。一方面，长辈要为晚辈提供“文化历史感和延续性”，努力向他们传授“各种传统技术、文化制度和价值观”；另一方面，长辈不要期待晚辈全盘接受这些东西，也不要期待长辈和晚辈有着一模一样的传统文化和价值观。长辈和晚辈既有共同的语言和世界，也有各自的话语和密码。

对孩子们来说，“互联网是当前时代的基石和根本，就像被我翻烂的平装印刷书一样，都代表了各自时代文明的顶端”。父母和祖父母们千万不要以“过来人”自居，用居高临下的姿态和教训（高普尼克说的是“教养”）的口吻对待孩子。因为，世界终究是属于孩子们的。

08 为孩子创造一个“充满爱且安全、稳定的保护空间”

> 我们作为父母的工作并不是要培养一种特定的孩子。相反，我们是要提供一个充满爱且安全、稳定的保护空间，让充满无限可能的孩子可以蓬勃发展。我们的工作不是塑造孩子的思想，而是让孩子去探索世界的所有可能；我们的工作不是告诉孩子该如何玩耍，而是给他们玩具，让他们自己研究玩法。我们不能逼孩子学习，而是要让他们自主学习。
>
> ——高普尼克

作为父母和老师，既然我们的工作不是木匠，不是按照特定的流程、工序、标准来生产某种特定的产品，那我们自然也不是要培养“特定的孩子”。正如前文所述，我们应该创造一个“充满爱且安全、稳定的保护空间”，让家庭和学校变得更加温暖、丰富、自由，成为汇聚美好事物的中心，让孩子们在不断与美好相遇的过程中自我发现、自我成长。

孩子的可能性不是制定出来的，而是探索出来的、寻找出来的、实践出来的。所以，我们也不能把自己的想法强行灌输给孩子，让孩子按照我们的思维模式去形成与我们相同的思想，而是应该鼓励他们用自己的眼睛去看，用自己的头脑去思考，用自己的双手去探索，在寻找和探索世界的过程中寻找和探索自我，丰富和完善自我。

孩子的玩耍也是如此，我们没有必要告诉孩子如何玩，只要把玩具交给孩子，让他们自己研究。他们可能会玩出比我们能够想到的还要多的玩法。正像著名的“树洞实验”一样，从未接触过电脑的孩子也完全可以无师自通地玩转这个复杂的“玩具”。

最重要的是，学习本来是一件快乐的事，一件需要智慧、充满挑战的事，但如果我们把学习当作任务，当作强制性的活动，学习就不再是快乐的事了。让孩子享受学习的过程，享受在学习过程中遇到的挑战和困难，才是对学习本质特征的遵循。

09 尊重孩子的“秘密”与“自由”

“

青春期就像童年早期一样，注定会是一个创新和变革的时期。不同的是，青春期的孩子将要体验的不再是置身于安全环境中探索世界，而是离开受保护的环境，真正靠自己去行动。

”

——高普尼克

青春期是指一个人从儿童阶段到成人阶段之间的过渡时期。对女孩来说，青春期在 10 ～ 18 岁期间；对男孩来说，青春期在 12 ～ 20 岁期间。青春期又分为青春期早期、青春期中期和青春期晚期，青春期早期又称为少年期。在国外心理学界，青春期经常被称为“危险期”，在这一时期，孩子的情绪激烈变化，亲子关系紧张，父母经常会有被“逼疯”的感觉。

高普尼克说，孩子在两三岁的时候还处在与父母和其他养育者的磨合期，许多年轻的父母在这一阶段经常感到力不从心，十分“抓狂”。即便如此，这个时候的幼儿还是在父母的保护之下生活的，父母是可以掌控大局的。学龄期的孩子则是“严肃和清醒的典范”，他们在学校和老师的规训下，开始逐步适应被管理的生活。但是，当孩子进入青春期后，“无论是智力上还是情感上，他们的可塑性、多样性和混乱程度都有了惊人的恢复”。在这个时期，孩子们试图摆脱父母的控制，寻求自我的同一性，他们想要离开各种受保护、受控制的环境，想要依靠自己的力量采取行动。孩子们想摆脱父母的保护和控制，但又无法真正独立地生活，这让许多父母觉得孩子变得不可捉摸，与自己的关系越来越疏远。

因此，在这个时候，父母更要关注孩子的情感生活，认清他们已经开始长大的事实，给他们足够的个人空间，尊重他们的“秘密”与“自由”。

10 给孩子一个世界，让他们重建

“

文化与技术棘轮的前行同时取决于两代人。没有传统，就没有创新。虽然父母们不应指望孩子简单地复制传统，但如果父母们没有把自己的传统、技能、价值观和新发现传承给孩子，那下一代的创新也就不可能实现。我们需要为孩子提供一个结构严谨的稳定环境，这正是保证他们自由无序、随心所欲地尝试和发展的前提。给他们一个世界，让他们重建。

”

——高普尼克

时代的发展取决于两代人之间的张力。一般来讲，上一代人总是担心世风日下，担心各种新事物会给下一代人造成不良影响。媒体学者达娜·博伊德（Danah Boyd）

用大量时间研究了青少年使用社交媒体的行为，她发现，当代年轻人用网络和社交媒体做了上一代人年轻时在线下同样会做的事情，那就是“建立自己与朋友和同龄人之间的联系，疏远自己的父母，以及叛逆和尝试各种新事物，等等”。

以前，年轻人需要走出家门参与他们所爱的社交活动；现在，年轻人待在家里也能够参加社交活动了。美国的青少年平均每天发送 60 条信息，其中 78% 的孩子拥有能上网的手机。在这样的背景下，两代人之间进行交流与沟通的方式就显得特别重要。

高普尼克认为，父母们既不能放任不管，又不应围追堵截；既不应指望孩子“简单地复制传统”，又不能不把自己的“传统、技能、价值观和新发现传承给孩子”。因此，保持两代人之间的适当张力，关键在于处理好传承与创新的关系。这就需要父母发挥教育智慧了，既要努力给孩子创造一个能够传承优秀文化传统的完整环境，又要放手让他们在这个环境中进行创新和重建。

第二部分

信任

让孩子自由地成长

赏识带来成功，

抱怨导致失败。

11 没有信任，就没有教育

> “成为一位稳定且可以提供可靠学习资源的养育者要比成为一位直接教导式的养育者更有价值。在依恋关系的研究中，我们看到孩子在获取知识时会根据不同的人和他们对这个人的感受来采取不同的学习方式。关系里最基本的信任要比教学方法更重要。”
>
> ——高普尼克

关系的基础是信任，没有信任就没有教育，信任比方法更重要。高普尼克主张，父母和其他养育者不需要教授孩子太多知识，而“只需要让他们去学习就可以了”。因为，孩子本身就具有很强大的学习能力，即使是很小的孩子也能向别人学习，他们非常善于从别人那里获取信息，并用自己的方式理解和加工这些信息。孩子在学习的过程中天生具有“敏感性和微妙性”，所以父母不必刻意改变自己的说话内容与方式，孩子能够识别父母是否说了假话。

特别有意思的是，孩子的学习态度、情感与方法与他们和父母、老师的关系有着密切的相关性，他们会“看碟下菜”，根据关系的好坏程度采取不同的学习方式。如果他们和父母、老师的关系好，他们就会努力地学习；如果他们和父母、老师的关系不好，他们就会敷衍地学习。所以，父母和老师要想取得好的教育成效，首先就要和孩子建立好的关系。

12 对话是建立信任关系最有效的方式

> 无论对成年人还是对孩子来说，对话都是一种构建关系的方式，一种和另一个人相处的方式。没有比经常性地谈笑和逗乐、使用爱称和做一些亲昵动作，以及自我反省和闲聊更有爱的表示了。没有哪个代表亲密关系失败的信号比拒绝和对方谈话更有破坏性了。孩子是在亲密的关系中，通过开放且充满活力的对话来学习的。
>
> ——高普尼克

如何才能与孩子建立互相信任的良好关系？对话是最有效的方式。在人与人之间的交流、交往中，对话与沟通无疑是最直接、最方便、最有效的途径。所以，多叫孩子的昵称、与孩子进行适当的身体接触、轻松地谈笑以及聊双方感兴趣的话题，都有助于建立良好的亲子关系。与孩子对话，不仅能帮助父母和孩子建立良好的关系，还能对孩子养成良好的沟通习惯、提高理解能力起到非常重要的作用。家庭本身就是孩子进行社会化学习的重要场域。

高普尼克给出了一个建议：父母应该让孩子有机会近距离地观察不同的人是怎么做事的，这是一个帮助他们通过观察来学习的好方法。同时，高普尼克认为，父母应该让孩子有机会与不同的人交谈，这是一个帮助他们通过倾听来学习的好方法。

13 帮孩子建立对父母和周围环境的信任感

“亲子关系中最基本的信任要比教育方法更重要。”

——高普尼克

我一直认为，好关系才有好教育。如果没有好的关系做基石，就无法进行真正的教育活动。而在好的关系中，信任是最基本、最基础、最重要的一层，没有信任，教育也就没法进行。从这个意义上讲，高普尼克认为建立信任的亲子关系，比任何教养方法都更加重要。

心理学家埃里克·埃里克森（Erik Erikson）提出了著名的人格发展的八阶段理论。其中，最初始的阶段就是婴儿期（0～1.5 岁）。在这个阶段，婴儿会出现基本的信任和不信任的心理冲突。埃里克森认为，父母不能简单地将婴儿理解为不懂事的小生命，只要让他们吃饱不哭就行。实际上，婴儿期是儿童建立基本信任的心理冲突期。在这个阶段，孩子开始认识周围的人和事物，当感觉身体不舒服或者饥饿时，父母能否及时出现、能否及时提供帮助，是他们建立信任感的重要影响因素。如果孩子在婴儿期能够建立信任感，他们就能在今后的成长过程中看到“希望”。成功建立起信任感的孩子拥有理想，非常明确未来的发展方向；而没有建立起信任感的孩子会时常为自己的前途命运担忧，认为这个世界是危险的、难以预测的，也很难与其他人建立最基本的信任关系。

所以，在孩子成长的早期，父母要为他们提供足够的安全感，帮助他们建立对父母和周围环境的信任感。

14 让孩子以自己的方式成长

> “为什么人类不能像很多其他动物那样，出生后很快就能自己照顾自己？为什么人类的孩子需要那么多的关爱？如果抚育不能带来可预测的改变，为什么还要这么做？‘无序’是解答这一切问题的钥匙，也是《园丁与木匠》这本书的核心科学论点。无可辩驳，混乱是孩子生活的主旋律。无论为人父母能获得什么奖赏，整洁肯定不在其列。”
>
> ——高普尼克

无序、混乱是童年生活的主旋律。人类的孩子不像其他动物的幼崽那样，在出生以后很快就能照顾自己，获得生存与生活的基本能力。但是，人类的孩子比其他动物的幼崽充满更多的成长可能性。其他动物的行为基本上是可以预测的，几乎全部出自本能；人类的行为则是难以预测的，而且与其早期的际遇有着密切的关系。之所以要对成长早期的孩子关爱有加，是因为这种关爱对孩子来说具有难以想象的作用。

高普尼克在描写孩子这个特点的时候，用了非常夸张的表述。她说她曾经异想天开："是否可以申请军事资源来'镇压'婴幼儿带来的一地鸡毛？如果让一支部队去对付一个婴儿，他们肯定花一上午都走不出屋子，更谈不上发动'战争'了。"这当然是玩笑话，其实，高普尼克是想说明儿童的多样性、可变性与不确定性。虽然许多父母对这样的"一地鸡毛"颇有怨言，但是浪漫主义者看到了无序、混乱本身的意义——它们是"自由、创新和创造力的源泉"。因为，"一个可以变化和演进的系统，哪怕是随机演变，都可以更加智慧、灵活地适应变化中的世界"。

正是儿童的多样性、可变性与不确定性，让人类在可进化性上具备了优势，让人类得以适应千奇百怪、不断更迭的文化与自然环境。高普尼克举例说，她的孩子有的胆大，喜欢冒险，有的胆小，害怕露脸。但是社会需要这两种人，如果我们身边既有胆小者，又有冒险家，那么每个人的生存概率都会提高。“世事安稳时，保守派可以确保冒险家安然度日；当变革来临时，大胆开拓、锐意创新的人可以把收获的果实分享给胆怯的同伴”。也就是说，无序、混乱的背后是五彩缤纷，是多样化和可能性。父母应该允许孩子以他们自己的方式成长，让他们成为最好的自己。

15 童年是充满探索、创新、学习和想象的时期

“

童年天然就是一个极具可变性、可能性且充满了探索、创新、学习和想象的时期，尤其是人类的童年那么漫长，就更加如此。但是，我们卓越的学习和想象能力也是有代价的。在探索和运用、学习和规划、想象和行动之间，处处存在着权衡。

”

——高普尼克

每个人的发展历程都是整个人类发展历程的缩影，每个孩子的童年则是整个人类童年的缩影。童年是充满不确定性、丰富性、可能性的时期。在探索中成长起来的人类也探索出了许多帮助孩子成长的经验，其中最重要的就是“权衡”：我们一方面要允许孩子玩耍，另一方面也要促

进他们学习；一方面要求孩子继承传统，另一方面也要鼓励他们创新。

“养育的矛盾就是在这种基本生物学事实的背景下产生的”。其实，教育过程中最难拿捏的就是“权衡”的分寸。在“更多、更好、更快”的压力之下，许多父母和老师将“权衡”的天平自然而然地倒向了学习，他们不知道孩子的玩耍本身就是最好的学习，他们不知道继承传统的目的是更好地创新。

其实，人生的不同时期有着不同的矛盾和使命。玩耍和游戏就是童年的主题，就是孩子最重要的“工作”。想让孩子有真正的童年，就要让孩子像个孩子，就要把玩耍和游戏还给孩子，孩子从玩耍与游戏中学到的东西并不比他们在课堂上学到的东西少。所以，玩耍、游戏、探索与想象才是“权衡”的天平应该倾向的一端。

16 童年越漫长，智力越发达

“童年是用来学习的，这就是孩子被赋予的使命。但孩子的学习远不只是听父母说什么或者做父母想让他们做的事。”

——高普尼克

童年的主题是学习，“探索”“混乱”“无序”都是学习的代名词。童年之所以需要学习，是因为人类具有其他动物所不具备的许多特征。例如，人类的童年有着更长的不成熟期，人类的大脑有着相对更大的容量，人类有着比其他动物更强的学习能力，人类的父母会在孩子的养育上投入更多的时间和精力。高普尼克认为，这四个特点决定了“童年越漫长，智力越发达”的事实。

从人类发展的历史可以清晰地看到，随着人类的进化，童年期变得越来越长，因为儿童需要充分的时间发育他们的大脑、掌握相关的基本技能，也需要他们的父母投入更多的精力和时间来照顾自己。这就使得人类的亲子关系要比其他动物的亲子关系更加紧密和重要。其他很多动物从生下来就能站立、行走、飞翔、歌唱，而人在刚出生时是最脆弱、本能最少的，也是最需要关爱、最需要学习的。当然，儿童在父母帮助下的学习，指的不是对父母言听计从，更不是被父母亲自教导，而更多的是儿童自己的观察、模仿、训练。

高普尼克认为，“人类孩子的心智与关心他的人的心智是同心协力运作的，这是人类已知宇宙中最灵活、最强大的学习工具”。也就是说，儿童的学习与父母的学习协同共进，才能取得最佳的学习成效，这种协同学习也是人类最独特、最伟大的地方之一。

17 儿童是伟大的观察家

“

孩子可能对别人提供的信息很敏感，但决不会被动地被他人塑造。相反，他们会主动解读并试图理解人们在做什么，以及为什么这么做。他们还会以复杂的方式将这些信息和他们自己的经验结合起来，有时可能做得比大人还好。孩子会逐渐理解这个世界的物理环境、周围人的心理特征与社会属性。他们的准确性令人惊讶，甚至令人不安。

”

——高普尼克

儿童的大脑是一个强大的吸收器，他们看到的、听到的、感觉到的一切都会被他们的大脑吸收。从这个意义上讲，儿童本身就是伟大的观察家，周围的一切被他们“尽收眼底”，正如高普尼克说的那样，“至少在某种程度上，你的孩子可能比你还了解你。孩子会注意到父母行为的细节，有些连你自己都没意识到”。而且，儿童不是被动地吸收经验和知识，而是会经过自己的理解、消化、加工，思考现象背后的原因，“以复杂的方式将这些信息和他们自己的经验结合起来”，形成自己的判断。

儿童对许多事情的认识都非常准确和深刻，这也常常让我们这些成年人觉得不可思议。我们以为他们看不见、听不懂的事情，他们不仅看见了、听懂了，而且比我们想象的要看见得更多、听懂得更多。的确，我们经常低估了儿童，低估了他们观察和思考的能力，低估了他们学习和创造的能力。蒙台梭利曾经说，儿童是成人之父。我们只有怀着谦逊的态度对待儿童，怀着谨慎的态度注意自己在儿童面前的行为举止，才能让他们发展得更好。

18 孩子是最优秀的模仿者

“

无论是在身体上还是心理上，工具的使用都需要因果思维。你需要了解做一件事会如何导致另一件事的发生。这是最基础也是最难掌握的技能之一。而模仿就被证明是一种很有效的训练因果思维的形式。

”

——高普尼克

儿童是最伟大的观察家，模仿就是他们最有效的学习方式。研究表明，儿童的早期学习成果很少是通过成年人的刻意教授来实现的，“即使是最小的孩子，也可以从别人那里学到很多东西，远超我们的想象”。

科学家的研究发现，儿童通过观察进行的模仿学习从一出生就开始了，但是这种学习绝对不是简单、机械的模仿和重复，而是具有因果关系的联系与推断。模仿有助于儿童了解两件非常重要的事情：一是物体是怎样工作的，二是人是怎样工作的，然后厘清两者的因果关系。通过反复试错的方式训练因果思维，是所有动物学习的最基本方式，但是较为高级的动物不一定是采取试错行动，而是通过观察和模仿进行训练的。

“与其他动物相比，人类会更多地选择这种间接观察的学习方式。这也是孩子向父母学习的一种特别有效的方式”。高普尼克通过对儿童进行的简单机器实验发现，儿童通过观察成年人的动作，很快就能从成功的尝试和不成功的尝试这两种方式中，选择成功的尝试模式。也就是说，儿童“只模仿有效的行为，不模仿无效的行为”。儿童是通过观察他人进行学习的，因此，父母要尽可能通过行为展示的方式培养孩子。父母想让孩子成为什么样的人，那么自己就要先成为那样的人。

19 孩子拥有超越成年人的创造力

> “童年似乎旨在开发创新能力和创造力。成年人更坚信那些经过检验、证明是可靠的方法，而 4 岁的孩子一直奢侈地享受着寻找和探索这个奇妙世界的能力。”
>
> ——高普尼克

为什么说孩子拥有超越成年人的创造力呢？因为成年人在解决问题时更多地依靠经验，更“坚信那些经过检验、证明是可靠的方法”，而孩子则不落窠臼，没有思维定式，兴致勃勃地享受着“寻找和探索这个奇妙世界”的过程。

高普尼克和她的同事们用“因果感知探测器”做了一

个有趣的科学实验，当他们在探测器上放上特定的积木组合时，探测器会亮灯并播放音乐。结果是，孩子能很快发现机器可能在以一种不寻常的方式工作，而大学生则认为机器应该遵循那种常见且显而易见的规则运行。之所以会这样，就是因为“孩子可能特别善于思考不太可能发生的可能性，而成年人因为已经知道了大量关于这个世界是如何运作的信息，反而更依赖于通过已知的信息来分析问题”。这也表明，成年人更多地以“掌握式”对待各种问题，即运用过去的经验，试图快速找到马上就能解决问题的方案；而孩子则更多地以“探索式”对待各种问题，即探索多种可能性，甚至包括不太可能发生的可能性。

所以在这一点上，孩子解决问题的办法可能比成年人更高明、更有智慧、更有创造性。尊重和保护儿童的好奇心、探索精神，尊重他们发现的成果，是我们对待儿童应有的态度。

20 再强大的计算机也无法与最弱小的人类婴儿相匹敌

“

再强大的计算机也无法与最弱小的人类婴儿相匹敌。

”

——高普尼克

高普尼克通过大量的心理学研究证实，即使是最小的孩子也可以从别人那里学到许多东西，他们的学习能力远远超出我们的想象。而且，“这种学习很少是通过刻意的教授来实现的”。

我们经常说，人脑就像一个“黑匣子”，现代科学还没有完全揭开儿童学习的神秘机制。但是，科学家们都不约而同地意识到，孩子可能拥有一套“精心设计的强大工具”，这套工具让他们既能从自己的经验中学习，又能向其他人学习。虽然人类的童年期比其他动物漫长得多，但是孩子在生命的早期就掌握了一生所需的技能——说话、走路、吃饭、交往等；而且，孩子在这个过程中逐步拥有了认识世界的能力，发展了其与周围环境的各种关系。从这个意义上说，孩子的学习能力远超于任何计算机。

21 年轻的大脑天生就要探索

“人类拥有一个非常漫长的童年，比其他任何物种都要长得多。这并不是巧合，漫长的童年为我们提供了探索世界的良机。如果孩子的天性是探索，那他们自然会比成年人更加混乱。最新的科学研究发现，孩子的混乱天性为人类的可进化性做出了特有的贡献。在孩童时期，人类变化和探索的能力都达到了顶峰。”

——高普尼克

高普尼克认为，与所有其他动物不同，人类不是被动地等待自然选择将其变成适应环境的“人”的，而是在不断探索的过程中成长起来的。人类往往会先随机生成多种可能性，再保留其中可行的选项，但对于失败的选项并不是完全淘汰，而是“会把它们储备起来，为应对新环境和新问题做准备”。

人类的童年期之所以比其他动物的童年期漫长许多，原因就在于人类在童年期需要足够的时间去探索。童年期的探索习惯虽然带来了无序和混乱，但是更带来了机遇和可能性，为人类不断地拓展生存与发展空间奠定了基础。从一定意义上讲，没有儿童的探索，就没有人类的未来。所以，不要害怕孩子的探索所带来的“一地鸡毛”，不要埋怨孩子把家里弄得乱七八糟。就像当年陶行知面对那个把钟表拆坏的孩子时，不仅不批评，反而表扬他的探索精神，带着他去钟表店观察师傅拆装钟表的全过程，以满足孩子的好奇心。

对孩子来说，童年的探索不仅为其一生的探索与求知奠定了基础，也为他们日后解决问题提供了方法和模式。童年的探索经验是人生最宝贵的经验，也是人生幸福的源头活水。

22 玩耍的本质是探索

> 童年的进化意义是为变异和创新的蓬勃发展提供保护。玩耍就是最突出的体现。玩耍本身是一种没有明显目标或结果的活动，但它恰恰却让我们有机会探索各种不同的方案，各种运动、行为、逻辑和想象的可能。玩耍的本质是探索，而不是运用，因此它能成为童年的特征，这并不是巧合。
>
> ——高普尼克

玩耍不仅是孩子的天性，也是人类的天性。研究显示，在童年时期玩耍时间比较多的孩子，其思维方式、社交能力和各项指标都会得到更均衡的发展。玩耍是孩子探索世界的方式。在自由玩耍的过程中，孩子可以通过奔跑锻炼自己的运动能力，通过解决问题开发自己的想象力，通过合作与竞争培养自己的社交与领导能力。在玩耍的过程中，孩子们学会了换位思考，建立了自尊心，提高了专注力。最重要的是，在玩耍的过程中，孩子们不会根据成年人的要求重复某项活动、寻求标准答案，而是努力探索“各种不同的方案，各种运动、行为、逻辑和想象的可能”。

高普尼克认为，人类不仅有一个特别漫长的童年，而且在成年以后，仍然会保留许多像儿童一样的心理特征，喜欢玩耍就是其中一个重要方面，这就是高普尼克在书中所说的“幼态持续”（neoteny）。保持孩子那样的天真、开放性、好奇心，特别是具备“探索和玩耍的能力”，不仅对成年人保持创造力和身心健康非常重要，而且对社会发展也具有重要的意义。因此，让孩子有足够的时间和空间玩耍，是儿童教育的基本要求。

23 玩耍和游戏是创造性工作的基础

“在一个学校教育决定成功的世界里，很多教育方式都侧重于让孩子学得更多、更好、更快。这种模式也是大部分教育的默认模式，即成年人把他们认为孩子应该知道的知识教给孩子，并由此塑造孩子的想法和行为。这个想法看起来好像理所当然，但并不符合科学原理和历史规律。”

——高普尼克

当下的学校教育体现了成年人中心主义的价值观，教育的内容是成年人决定的，教育成效也是由成年人评定的。成年人把自己认为重要的知识灌输给孩子，而不考虑孩子喜欢不喜欢、需要不需要。成年人认为最好的教育就是让孩子把那些他们认为重要的知识学得“更多、更好、更快”。为了这样的“更多、更好、更快”，老师与老师之间、学校与学校之间进行着紧张的竞赛，而父母又为这个竞赛推波助澜，最后牺牲的就是孩子玩耍和休息的时间。

高普尼克也提到：“尽管几乎每个人都认为孩子应该有玩耍的时间，但是当我们开始规划孩子的生活时，玩耍时间是最先被舍弃的。”没有玩耍和游戏，就没有真正的童年。玩耍和游戏就是孩子的“工作”，它是一切创造性工作的基础，专注、合作、智慧、热爱是游戏和工作都需要的要素，而孩子在单一的学习中、在紧张的刷题过程中是无法感知这些要素的。

高普尼克批评当下的教育让孩子拥有了“一张列满了应该做的一长串事项的清单”，弄得他们根本没有多少时间玩耍，这样的做法明显是既不符合儿童天性，也不符合儿童身心发展规律的。童年，就像一幅精彩的水墨画，是需要留白、需要空间的。

24 为孩子提供玩耍的空间和资源

“

我们为孩子提供各种玩耍的空间和资源，并不指望玩耍能马上带来回报。对科学家、艺术家还有其他所有探索人类可能的人来说，我们都应该抱有类似的态度。

”

——高普尼克

孩子在玩耍时是在探索世界。玩耍虽然没有直接的回报，但是玩耍本身的意义和价值远远超出我们的预期。高普尼克指出，从长远来看，“玩耍确实对成年人和孩子都有着很强的实用性，特别是在科学发现方面”。其实，许多伟大的发现都源于人们的“无心插柳”，让科学家和艺术家像孩子一样“玩耍”，也许会产生我们想象不到的成果。如谷歌和皮克斯等需要创造力的公司，会特意为员工提供玩耍的时间和空间，“谷歌公司规定员工每周都要在他们认为有趣的想法上分配时间，而皮克斯公司的大楼里则有许多秘密通道和游戏屋”。

心理学家做过一个很有意思的实验，他们把老鼠分别放入两个笼子，一个笼子里有充足的食物，另一个笼子里有小球、斜坡和翻滚装置等玩具。一段时间后，他们发现，玩具笼子里的老鼠在脑容量、神经元的连接数、前额叶皮层的面积等方面，都远远超过食物笼子里的老鼠。孩子与老鼠虽然不一样，但是儿童脑科学的研究也得出了玩耍有助于儿童大脑发育的结论。玩耍就是孩子的工作，就是他们成长的方式。在“双减”政策下，如何给孩子更多的时间和空间、更多的设施和资源去玩耍，仍然是值得我们关注的问题。

25 “非共享环境”对孩子的成长有着出人意料的强烈影响

> “在行为遗传学中，‘非共享环境’对孩子的成长有着出人意料的强烈影响。这意味着，哪怕是兄弟姐妹，长大后的个性也会截然不同，并且无法预测他们之间的差别。这一系列的研究也说明，多样性和可变性是人类发展的基本规律。”
>
> ——高普尼克

心理学家对遗传与环境的关系有着不计其数的研究成果。他们对同卵和异卵双胞胎、兄弟姐妹、亲生孩子和收养孩子之间的异同以及他们的父母进行了大量比较研究，得出的一个基本结论就是，人的发展是遗传与环境共同作用、先天因素与后天因素互相影响的结果，“先天的基因特点和后天的不同经历共同决定了基因的表达”。

有些孩子受遗传的影响大一些，有些孩子则受环境的影响更大。“有些孩子很皮实，在什么环境下都能茁壮成长，就像种子落地就能生长的蒲公英；有些孩子则很敏感，他们在熟悉的环境中如鱼得水，在陌生的环境中很难适应。他们更像兰花，在精心照料下盛开，在无人理睬时凋零”。而且，这种变化是很难预测的，这是人性复杂性的体现，也是教育困难性的缘由所在。

多样性和可变性既是人类发展的普遍规律，也是教育发展的普遍规律。这种多样性和可变性需要我们关注孩子成长的“非共享环境”，即每个孩子特殊的生活环境，这个环境对他们个性的形成具有非常重要的意义。同时，这种多样性和可变性需要我们关注儿童时期的探索，让孩子在探索中逐步找到自己，从而成为更好的自己。正如高普尼克所说：“年轻的大脑天生就要探索，成熟的大脑则负责运用。”

26 学校以外的社会化学习更为复杂，也更为基础

> “科学研究表明，学校以外的社会化学习更为复杂，也更为基础。这类学习行为在进化层面更加原始，在孩子的发育过程中出现得更早，也比学校学习更为普遍。在很多历史时期和文化传统中，它们都显得十分重要。然而，由于美国的‘文化怪癖’，中产阶级父母和他们身边的养育文化只了解关于学校的一切，却对其他类型的社会化学习知之甚少，直到他们自己有了孩子。”
>
> ——高普尼克

现代学校制度诞生以后，教育的重心便从家庭转移到了学校。这对教育的普及和科学的发展具有积极的意义，但在一定程度上弱化了家庭教育的作用，也弱化了学校以

外社会化学习的价值。从人类漫长的发展历史来看，学校以外的社会化学习一直是教育的主体，尤其是儿童进入学校前的学习，其价值丝毫不逊色于学校教育本身。高普尼克也明智地认识到，“在校学习是一个非常现代化和本土化的发明”，现在，很多父母都是从幼儿园念到大学的，他们具有丰富的学校生活经验，“但几乎没有任何养育经验”，所以他们更习惯于把学校的教育方式带到自己的家庭之中，让家庭成为第二学校，成为学校教育的复制品。这样的做法使教育出现了很多问题，也让家庭教育失去了其独有的温馨、灵活、多样化、生活化等特点。

其实，家庭教育与学校教育有很大的不同，家庭教育是在生活中进行的，“身教胜于言传”。而且，家庭教育和社会教育的时间更长、空间更大，其中的变化因素也更多、更复杂，因此，家庭教育和社会教育更需要教育的智慧。父母要尽可能避免家庭教育与学校教育同质化，尽力发挥家庭教育本身的优势，在家庭生活中与孩子一起成长。

27 对孩子精雕细刻终归是徒劳

“即使我们能够精确地塑造孩子的行为以适应自己的目标和理想，这样做也会产生反作用。我们不可能事先知道未来的孩子将面临怎样前所未有的挑战。以我们自己的样子或者当前理想中的样子来塑造他们，可能会使他们无法适应未来的变化。”

——高普尼克

为什么说对孩子的精雕细琢终究会徒劳无益呢？最根本的原因是，孩子不是没有生命的石块或木板，不能任由雕塑家随心所欲地雕刻。父母只有顺应孩子的个性，因势利导，才能取得好的教育成效。

人类社会处于不断的演进之中，从进化的角度来看，我们很难真正地把握未来变化的大趋势和可能性，所以高普尼克认为:“试图有意识地将你的孩子塑造成某种特定的样子是徒劳的，反而会使你产生很强的挫败感。”学者洪兰曾经说过，用昨天的教学方式来教今天的孩子是对他们明天的机会的剥夺。我们的确不应该用过去的内容和方式教育今天的孩子如何适应未来，而应该培养孩子的适应能力和学习能力，帮助他们自主地迎接未来的挑战。

28 照搬上一代的做法，永远不会取得任何进展

“

当每一代人都将信息传递给下一代时，下一代所能做的事情就会有质的提升。最初在社会学习上的微小差异会迅速扩大，最终在思想和生活上演变成巨大的差异。不过，这里有一个有趣的附带前提条件：如果每一代都照搬上一代的做法，人类就永远不会取得任何进展。

”

——高普尼克

人类是在学习中成长的，每一代人都是站在上一代人的肩膀上前行的。因此，每一代人都应该在学习的过程中有所创新。只有这样，每一代人才能在将信息传递给下一代的时候，让这些信息经过加工和创新后得到质的提升。

下一代人不仅会像他们的父辈、祖辈那样使用工具，而且会比他们做得更好，“这些技术会使下一代成为更有效率的觅食者、猎人和养育者，他们有能力抚养更多的孩子，这些孩子则会花更多的时间去学习使用新的工具”。

如果每一代人只是完全照搬上一代人的做法，他们就无法超越上一代人。因此，创新是每一代人的使命，“创新者才是应该被追随的人”，人类的学习能力也是在创新的过程中不断进步的。

29 不要让孩子成为一模一样的“流水线产品”

> “为人父母能让一个全新的生命来到这个世界。每个新生儿都是前所未有、独一无二的，都是由各种基因、经验和文化组合而来的复杂产物。在呵护和照料下，每个孩子都将成为独一无二的人，创造属于他自己独一无二的生活，都将交织着快乐与悲伤、成功与失望、骄傲与遗憾。如果说他们的一生非常值得度过，那它一定是所有这一切的结合。我们对孩子那特殊的、无条件的爱，也意味着我们要对孩子的独一无二表示尊重和支持。”
>
> ——高普尼克

我很喜欢高普尼克的这段文字，因为它讲述了一个孩子最根本的特征：独一无二。世界上没有两片完全相同的树叶，更没有两个完全相同的孩子。孩子因为父母来到这个世界，他们从一开始就是前所未有、独一无二的。孩子的第一次啼哭就是庄严的独立宣言。孩子本身就是“各种基因、经验和文化组合而来的复杂产物”。

孩子的使命是用自己的方式完成自己的生命旅程，创造属于他们自己的独一无二的生活，成为一个独一无二的自己。这个过程是艰辛、曲折和漫长的，甚至是“快乐与悲伤、成功与失望、骄傲与遗憾”不断交织的。父母和老师不能用同一个标准衡量所有的孩子，不要把别人家的孩子与自己的孩子进行比较，而要有足够的耐心努力去帮助孩子寻找自己、发现自己、成为自己。对孩子真正的爱，应该是智慧的爱。这种无条件的智慧的爱，首先就要求父母对孩子这种独一无二的特性表示足够的尊重和支持。

因此，与其说让孩子产生差异化，不如说应该尊重孩子的差异化。父母不能用统一的要求、统一的内容、统一的方法来教育那些本来就“五彩缤纷”的孩子，不能让他们成为一模一样的“流水线产品”。

30 与众不同的孩子，才有与众不同的未来

> “让每个孩子产生差异化，无论是他们的思考和发展方式，还是他们从别人那里学到的东西，才能让每个孩子都有更好的机会在环境发生变化时生存下来。因此，我们可以预见，孩子的性情、发展方式以及成年人对待他们的行为，都会有大量明显的差异。”
>
> ——高普尼克

世界的多样性决定了人的多样性，而这种多样性也决定了人类拥有更多的生存与发展的可能性。人的多样性不仅取决于遗传基因的多样性，而且取决于所处环境的多样性。即使是同卵双生子，在不同的环境下成长，也会有许多不同之处。所以，不同的养育主体和养育方式，会让孩

子接触到不同的信息和模型，“每个孩子的性情、能力和发展过程的多样性增加了复杂性和不确定性，而时代的变化会增加更多的复杂性。每一代人都在成长，创造出一个与他们前一代创造的略有不同的世界”。

我们说教育是科学，因为教育是具有规律性的，教育主体应该根据人的身心发展的内在规律来施教。我们说教育是艺术，因为教育的对象具有唯一性，教育需要创造性。一把钥匙开一把锁，因此父母要找到适合自己孩子的教育方法，帮助孩子成为更好的自己。与众不同的孩子，才会有与众不同的未来。

第三部分

探索

学会在玩耍中学习

父母应该学会准确地了解孩子，

顺着孩子的天性走，

协助孩子成长。

31 孩子的学习吸收力是成年人难以想象的

> “孩子就像海绵，但他们并不是随意吸收的海绵，从很小的时候开始，他们就会判断其他人是否可信和可靠。随着他们越来越了解别人，也学会了调整自己相信或者怀疑他人的程度。”
>
> ——高普尼克

的确，孩子就像海绵，具有强大的吸收力。孩子的学习吸收力是成年人难以想象的。他们无时无刻不在观察、倾听、学习。当然，孩子并不会完全相信成年人的话。“随着年龄的增长，他们开始对与他人交谈时的更多细微之处变得敏感。孩子可以感知到别人在说话时有多自信。”也就是说，孩子们不仅在积极地倾听，而且在积极地思考和辨析，他们会根据说话者的语气、语调、口吻等判断说话者是否自信。研究发现，自信的人对孩子有更大的影响力，孩子会更加相信自信的声音。

如果你要问，你的孩子为什么不相信你说的话，那么高普尼克给出的一个重要的答案就是，你在说话时不够自信。当然，高普尼克也发现了由这一现象引发的另外一个现象，即“与成年人相比，孩子似乎更容易被‘吹牛大王’欺骗”。所以，成年人一方面要尽可能以更加自信的方式出现在孩子的面前，另一方面也要教会孩子在学习和倾听的过程中不被表象所蒙骗。

32 把玩耍还给孩子，让他们在玩耍中学习和成长

“

孩子天生喜欢玩耍。童年和玩耍天然地联系在一起。大多数父母和老师都有一种模糊的感觉，认为玩耍是件好事。我们甚至可能认为，鼓励孩子玩耍是一种很好的教育技巧。但如果你仔细想想就会发现，把玩耍作为养育的目标，这其中是存在悖论的。毕竟，根据定义，玩耍就是当你不想做任何事的时候才会做的事情。这是一种没有目标的活动。

”

——高普尼克

玩耍对孩子的学习是具有意义和价值的，但玩耍本身没有目标。

高普尼克分析了玩耍的 5 个特点。第一，玩耍不是

工作。玩耍看起来与真实的工作相似，好像是在战斗或者狩猎、挖掘或者清扫，但实际上什么工作也没有完成。玩耍不仅是没有成效的行为，而且与真实的工作有明显的区别。第二，玩耍是有趣的。玩耍会带来欢乐、愉悦和笑声。第三，玩耍是自愿的。玩耍是动物为了自己的利益而主动去做的事情，而不是为了得到外部的奖励而被动去做。第四，玩耍是动物在安全感等基本需要得到满足之后才会进行的活动。第五，玩耍有一种特殊的结构，有着一直重复和变化的模式。例如，一个 6 个月大的孩子在玩拨浪鼓时，会反复尝试摇出更大或更柔和的声音，还会或多或少地用它敲打桌子。

高普尼克认为，人类在玩耍对儿童成长的作用方面还没有非常清晰的认识，但是人类的童年，以及一些其他动物的童年都和玩耍紧密联系在一起，孩子天然地喜欢玩耍，这是不争的事实。经验表明，孩子可以通过玩耍变得“更聪明、更专注，或者更好地理解他人”，但是，目前还没有直接的科学研究证据表明，玩耍可以帮助孩子学习，否则，我们为什么不干脆把玩耍作为我们养育孩子的目标呢？这就是高普尼克所说的“悖论”。尽管如此，如果父母想让孩子拥有真正的童年，就要把玩耍还给他们，让他们在玩耍中学习和成长，这是早期教育的重要理念。

33 假装游戏是人类独有的玩耍方式

> 如果孩子不会因为困惑而假装，他们为什么要假装呢？其实，假装与人类的另一种特殊能力密切相关，即假设或反事实思维能力，也就是思考世界可能存在的其他方式的能力。反过来，这也是人类强大的学习能力的核心。
>
> —— 高普尼克

幼小的动物都会玩耍，老鼠、狐狸和人类的孩子都会打闹，乌鸦、海豚和人类的孩子都会玩“玩具”，但是，只有人类的孩子会玩假装游戏。“人类的孩子从一岁起就会假装，在三四岁时这种能力达到顶峰”。考古学家在青铜器时代的儿童生活区域发现了 4 000 年前的“娃娃”和微型厨房用具，这可能意味着那个时候的孩子就会玩“过家家”之类的假装游戏了。

假装游戏对儿童来说究竟有什么意义呢？儿童心理学家让·皮亚杰曾经认为，儿童喜欢玩假装游戏，是因为他们不能够区分现实与幻想。但事实证明，即使很小的孩子也是可以区分现实与幻想的。所以，高普尼克认为，这是儿童的一种“反事实思维能力”的表现，这种能力指的是人们可以通过新的证据来推翻原来的假设，取代他们以前暂定为“真理”的想法。

儿童会像科学家一样，关注“不同的假设对世界如何运作的不同描绘方式”。在儿童眼中，没有一个绝对正确的假设。因此，我们也不要小看儿童的假装游戏，因为这本身就是他们探索世界的一种方式。

34 反事实思维是想象力与创造力的源泉

“

如果我们想要改变世界，反事实思维也是极为重要的。为了改变世界，我们需要认识到世界可以是不同的，然后真正开始朝这个改变的方向推进。事实上，我身处的房间里的几乎所有东西，无论是编织物、木工椅子，还是电灯和电脑，在一个更新世的古人类看来，都是狂野的想象。我们的世界一开始就是祖先头脑中一个反事实的想象世界。

”

——高普尼克

想象力与创造力是改变世界的重要武器，而反事实思维则是想象力与创造力的源泉。为什么这样说呢？顾名思义，反事实思维认为事实是可以不一样的，想象世界是可以不同的。反事实思维，就是怀疑和否定已有知识、怀疑和否定自己认知的一种思维方式。

“探索新发现的第一步是发现你目前的假设是错误的。但这一过程还有另一个阶段，即穷尽思考其他假设。”人类的发明创造与反事实思维有着密切的关系，因为前者是在现有事实与事物的基础上创造出来的新的事实与事物。高普尼克认为，人类世界从一开始就是我们祖先头脑中的反事实的想象世界，也就是说，从使用工具劳作的时候开始，人类就已经在使用反事实思维改造自然了。因此，人类在几千年的文明演进过程中，不断用这种独有的思维能力进行了许多新的伟大创造。我们需要珍惜反事实思维，这是儿童想象力和创造力的源泉。

35 玩耍教会了我们如何应对意外

> “我们很容易明白目标导向的行为是值得去做的，毕竟，我们达到了目标并得到了回报。但是，如何确保动物或孩子能够应对进化也没有预料到的情况呢？我们总是会遇到意想不到的事情，不管是被撞坏的膝盖、新的摔跤动作，还是同伴给我们带来的任何惊喜。工程学的研究工作表明，让机器人、动物或孩子有机会玩耍，有机会广泛地探索、随机地行动、傻傻地做事，正是解决之道。”
>
> ——高普尼克

高普尼克把儿童的玩耍主要分为三种类型，即嬉戏打闹、探索性游戏和假装游戏。这三种玩耍类型具有不同的功能：嬉戏打闹有助于孩子与他人进行互动，探索性游戏有助于孩子了解事物是如何运转的，假装游戏则有助于孩子思考各种可能性并理解他人的想法。

但是，这三种玩耍类型的效果不是事先设计和安排好的，玩耍最重要的特点是快乐、沉浸、迷恋，“我们玩耍不是因为我们认为它最终会给我们带来强大的认知功能，尽管这可能是玩耍的进化动力。我们玩耍是因为它太有趣了”。这也提醒了众多父母和老师，不要赋予玩耍太多的目标，让孩子享受玩耍的过程就足够了，很多东西就是孩子在玩耍的过程中自然而然学会的。孩子的自我学习能力远比我们想象的更强。玩耍是不确定的、非预设的，孩子在玩耍的过程中会遇到各种各样的偶发事件，而他们自己想办法应对这些偶发事件的过程，培养了他们解决问题的能力。

36 让孩子在玩耍中发现事物

“教学是一把双刃剑。孩子对他们所受的教育非常敏感，但教学似乎阻碍了孩子去发现玩具所能提供的一切其他可能性。孩子更愿意模仿老师，而不是自己去探索发现。”

——高普尼克

为什么说教学是一把双刃剑？因为一方面，教学能很快地让孩子学会模仿，掌握技能；但另外一方面，教学也会限制孩子的想象力和创造性，影响他们探索。

心理学家做过一个有趣的实验，即对比探索性学习与学校教育的直接指导对儿童有何不同的影响。实验者给了孩子们一个玩具，这个玩具里有很多塑料管，有的塑料管可以发声，有的塑料管可以发光，有的塑料管里还藏着一面镜子。对于探索性学习这一组的孩子，老师只是装作无意间碰到了其中一根塑料管，塑料管马上发出了“哔哔”的声音；对于学校教育这一组的孩子，老师则演示了让塑料管发出“哔哔”声的方法。然后，两个组的老师让孩子们自己玩这些玩具。结果，探索性学习这一组的孩子通过随机尝试不同的玩法，发现了其他塑料管能做的所有事情；而学校教育这一组的孩子则只会像老师演示的那样按动塑料管，让它发出“哔哔”的声音，然后不断地重复这个动作，而不会去尝试新的玩法。

这让我想起了著名的“树洞实验”：一群从来没有玩过电脑的印度乡村的孩子，仅仅通过一台可以随意使用的电脑，居然就无师自通地学会了操作电脑。我们经常低估孩子探索世界的能力，这是成年人经常犯的错误。

37 打闹是一种社交演练

> “在人类儿童中，早期的打闹游戏与长大后的社交能力有关。当然，这种相关性可能指向很多东西。也许这些孩子正是因为拥有社交能力才有更多机会与其他孩子玩耍。”
>
> ——高普尼克

很多父母都不喜欢孩子打打闹闹，但是，打打闹闹恰恰是儿童社会性发展的重要路径。高普尼克引用了科学家对老鼠的实验研究结果，这个实验很有意思。科学家们将幼时参与打闹的老鼠与幼时不参与打闹的老鼠进行了比较研究。他们发现，幼时不打闹的老鼠在成年后与其他老鼠相处存在较大障碍，它们不知道“见机行事”，“无论是在打架还是在向其他老鼠示好方面，它们都无法像幼时参与过打闹的老鼠那样对其他老鼠做出迅速、灵活、流畅的反应”。随着年龄的增长，幼时不打闹的老鼠的大脑变得不那么灵活了，但是幼时打闹的老鼠即使在长大后也能够随机应变，“因为它们的大脑更具有可塑性”。

科学家们通过对老鼠大脑的解剖研究发现，幼时参与过打闹的老鼠会在前额叶皮层负责社交的区域产生某些化学物质，包括胆碱类的神经递质，这些化学物质是大脑保持可塑性的重要原因。因此，“玩耍并不能帮助老鼠做任何一件具体的事情，但能帮助它们学会以更灵活、更多样的方式做很多事情”。虽然老鼠与人不可相提并论，但是我们仍然可以从中受到启发。

38 玩玩具就是在做科学实验

“

婴儿可能比成年人更适合做科学家。成年人经常受到‘确认偏差’（confirmation bias）的困扰，我们会关注那些已知的东西，而忽略那些可能会动摇我们先入为主的观念的东西。

”

——高普尼克

麻省理工学院的劳拉·舒尔茨（Laura Schulz）团队对儿童使用工具的研究发现，对于那些使用科技小工具的孩子来说，这些小工具就相当于乌鸦挥舞的树枝[①]，孩子玩玩具就像科学家做实验，当信息与他们已知的理论相矛

① 乌鸦可以使用工具，生活在澳大利亚东部一个岛屿上的一种乌鸦甚至可以设计和制造工具。——编者注

盾时，他们玩得更多。当一个玩具正如他们的预期，他们就不那么感兴趣了，而是更多地去寻找新玩具玩。

这与哲学家卡尔·波普尔（Karl Popper）关于科学家特质的研究结论非常一致。波普尔认为，优秀的科学家应该对自相矛盾的理论证据更感兴趣，而不是对那些已被证实的理论证据更感兴趣。孩子总是会在一些意想不到的事情发生时观察得更久一点，他们往往会像优秀的科学家那样去探索事情背后的原因，只不过他们是通过玩耍来探索的。没有玩耍，就没有孩子对世界的探索。

39 探索式学习：自发学习的价值

> “成年人通常认为大多数学习是教学的结果，而探索式的自发学习是不常见的。但实际上，自发学习更重要。”
>
> ——高普尼克

高普尼克在讲述儿童的练习问题时，十分强调儿童的“探索式学习”。这种探索式的自发学习为什么很重要呢？心理学家发现，儿童自主建构的知识体系在他们的认知发展过程中起着非常重要的作用。“学龄前孩子的进化任务是尽可能广泛地探索各种可能性。这种探索让孩子发现了世界运作的基本原则，这些原则将帮助他们在成年后形成做事情的能力。”

儿童自发学习的能力是我们难以想象的。人类许多最重要、最复杂的技能，如说话、走路等，不都是通过自发学习学会的吗？高普尼克认为，学龄前的儿童具有“狂野、恣意、富有诗意”等特点，他们的学习是在无序中寻找有序，在偶然中发现必然。他们关于世界的认识往往不是父母或者老师传授的，而是他们自己主动探索来的。从这个意义上讲，儿童的自发学习有着不可替代的重要价值。

40 掌握式学习：重复练习有必要，但不是唯一方式

“

学龄孩子也热衷于被我称为‘掌握式学习’的学习方式，而不是‘探索式学习’。掌握式学习是关于运用已知的知识，而不是关于探索新知的知识。在掌握式学习中，你学到的不是什么新知识，而是把你已经学过的知识变成第二天性。你对一个老问题的解决方案了解得如此之多，以至于你甚至不需要去想它，这让你可以毫不费力且快速、高效地利用自己的技能。

”

——高普尼克

进入学校以后，儿童的学习开始进入以掌握式学习为主的阶段。掌握式学习的特点是通过反复的练习，让知识和技能的运用越来越熟练，即达到“自动化”的程度——你甚至不需要去想它，就可以毫不费力且快速、高效地利

用自己的技能。高普尼克认为，这种学习是必要的，它对于儿童逐步成长为真正有能力的成年人，对于他们“实践和掌握自身文化中的特殊技能，尤其是社交技能”具有一定的意义。

但是，掌握式学习不能以取代探索式学习为代价，因为“在某种意义上，掌握式学习与其说让人变得更聪明，不如说让人变得更愚蠢”。这种不断重复的练习，让人类“最终达到了甚至不需要思考的地步”。应试教育通过不断刷题来提高学生对试题的熟练程度，让学生在最短时间内达成“自动化”地给出准确答案的目标，不就是典型的掌握式学习吗？所以，如何合理运用这两种学习方式，如何鼓励儿童更多地进行探索式学习，的确是我们应该思考的问题。

41 倾听式学习：让学习不受时间和空间的限制

> “
> 几乎所有的动物，甚至是鼻涕虫，都会通过反复试错来了解世界。聪明的动物，比如乌鸦以及灵长类动物，也会通过观察其他动物来学习。正如我们看到的，人类的孩子把通过观察和模仿来学习的方式提升到了一个全新的层次。他们普遍采用模仿的方式来探索这个世界、其他人还有自身文化的运作方式。但是除此之外，他们还有一个人类独有的学习方式。由于人类使用文字和语言，所以人类可以通过与他人交谈的方式来教授知识，同样，人类的孩子也可以通过倾听来学习。
> ”
>
> ——高普尼克

高普尼克把学习分为三个重要的层次。第一个层次，也是最初级的学习，即通过试错来学习。这是所有动物都会运用的学习方式，即通过不断地试错，来提升想象力和记忆力。第二个层次，也是第二级的学习，即通过观察和模仿来学习，即通过观察和模仿，直接学习他人的行为和动作，这种学习方式比试错的学习方式高效了很多。第三个层次，也是第三级的学习，即运用符号来学习，这是人类特有的学习，也是最高级的学习，即利用文字和语言，通过说话与倾听来学习。这一层次的学习是其他动物做不到的，第三个层次的学习可以将直接学习变成间接学习，让学习跨越时间、空间以在更大的范围来进行。

如果说“边做边学”强调的是“做”，那么“边听边学”强调的就是“听”。我们大部分知识的学习来自倾听和阅读，而倾听对于儿童早期的学习有着不可替代的重要作用，因为在学会阅读之前，孩子关于世界和生活的大部分知识都源于倾听。倾听可以让人学到通过观察与模仿学不到的东西，可以深入人际关系与情感领域。同时，孩子倾听的方式和态度，以及倾听习惯的养成，也会影响他们今后的生活与工作。因此，倾听，是非常重要的学习途径。

42 爱玩假装游戏的孩子善于弄清别人怎么想

> “更喜欢假装游戏的孩子在理解他人方面有明显的优势，他们在错误信念测试中表现得更好。这种优势对于那些有‘假想同伴’的孩子来说尤其明显。”
>
> ——高普尼克

爱玩假装游戏的孩子不仅更富有想象力与创造力，而且更富有共情的能力。在假想的世界里，他们可能会有自己的“假想同伴”，所以能够站在“假想同伴”的角度思考问题，而不是以自我为中心，因此，他们更能够理解他人的某些做法。

心理学家发现，孤独症儿童最核心的问题就是无法理解他人的想法，缺乏与人沟通的能力，而“找出他人的欲望、感知、情感和信仰的能力，很可能是人类最重要的一个学习种类”。因此，如果父母想帮助孩子学会理解他人并成为受欢迎的人，就要鼓励他们多结识玩伴。而对成年人来说，看小说、戏剧、电影等作品也具有假想同伴或假装游戏的功能。研究表明，“读过大量小说的人总是更善解人意，更善于理解他人”。

43 永无止境的“为什么”，是在寻求好的答案

> “孩子对自己的问题是否被充分地回答非常敏感。当他们没有得到答案或得到了一个不太明确的答案时，他们应对的方式就是问另外一个问题，或者重复刚才问的问题。直到得到一个有用的回答，他们才会表达认同，然后用下一个问题去详细阐述、区分或者问更多的细节。”
>
> ——高普尼克

孩子有着强烈的好奇心，仿佛有着永远问不完的问题。心理学家在一项研究中发现，学龄前的孩子平均每小时要问 75 个问题。这就意味着，大多数孩子在上小学之前就向成年人提出过成千上万个问题了，而许多成年人是

满足不了孩子的好奇心的。高普尼克在书中引用了喜剧演员路易斯·C. K.（Louis C.K.）与他3岁女儿的对话：

“爸爸，为什么我们不能到外面去？”

“因为在下雨。”

“为什么？”

“嗯，因为水从天而降。”

“为什么？”

“因为水藏在云端。”

“为什么？”

“嗯，当有蒸气时，云就会形成。”

“为什么？”

“我不知道！再多的我也不知道了！这是我所知道的一切！”

类似这样的对话几乎会在每一个家庭出现。高普尼克声称自己也经常被孙辈不断追问，她开玩笑说自己应该改名叫“谷歌奶奶”。如果父母和老师耐心地回答孩子的问题，孩子就会有更多的问题。在好奇心和求知欲不断得到满足的过程中，他们就会把探索未知世界作为自己的兴趣所在。如果父母、老师或其他成年人粗暴地打断孩子的提问，不理睬他们的提问，甚至批评他们没完没了，孩子就会慢慢地丧失好奇心，不会再提问了。孩子是在提问中逐渐认识世界的，科学家是在解决问题的过程中逐渐获得新发现的。孩子与科学家之间其实只有一步之遥。

44 “为什么”的最佳答案是揭示因果关系

> “孩子不仅需要更多关于这个世界的信息，他们还需要理解因果关系，才可以从一个更深入、更广泛的角度来理解这个世界，也就是说，这些信息可以促使他们未来学到更多的知识。”
>
> ——高普尼克

问题是打开世界大门的钥匙。而对孩子们无穷无尽的问题、连续不断的“为什么”，父母和老师应该怎么做呢？高普尼克的观点是：“为什么”的最佳答案是揭示因果关系。也就是说，解释事实比重述事实要好得多。

高普尼克在书中介绍了一个很有意思的实验。实验人员给一群 4 岁的孩子展示了一个复杂的机械装置，装置上还有一些装饰性的乐高积木块和非装饰性的齿轮。然后，实验人员把孩子们分为解释组和描述组，对于解释组的孩子，实验人员会给他们讲述机械装置的工作原理，解释机械是如何工作的；对于描述组的孩子，实验人员则只给他们简单描述了一下机器的概况。最后，实验人员把装置上所有的东西都拆开并让孩子们重新组装，同时问了他们一些问题。结果发现，无论是重新组装机械装置还是回答问题，解释组的孩子都比描述组的孩子表现得要好。

这个实验表明，父母和老师应该尽可能给孩子解释原因，揭示因果关系，这样才能够“让孩子更深入、更广泛地理解这个世界”。父母和老师不要担心孩子能否理解事物背后的原因，因为他们可能“比你还清楚你想表达的意思，对于自己需要什么和想要什么，他们也比你更清楚”。因果关系的逻辑有助于孩子更加深刻地认识世界，也更容易让他们形成不迷信、不盲从，凡事多问“为什么”的思维模式。

45 多问孩子一些“为什么”

“

父母很重要。孩子是从父母和其他养育者那里学习的，不管是通过观察的方式还是通过证言的方式。孩子会仔细观察父母是怎么做的，也会非常仔细地倾听父母在说什么。与孩子沟通并倾听他们所说的，多问孩子一些‘为什么’，也多回答一些‘为什么’，都可以帮助孩子茁壮成长。

”

——高普尼克

我们总说，家庭是孩子的第一所学校，而且是永远的学校；父母是孩子的第一任老师，而且是终身的老师。那么，孩子是如何在这所学校向老师学习的呢？毫无疑问，观察与证言是两种重要的方法。观察，就是通过眼睛来看父母的行为，通过行动来模仿父母的动作；而证言，就是通过眼睛和耳朵，倾听父母所说的话，学习他们在说话过程中的表情和动作。

心理学家认为，成年人的说话方式会影响孩子的思考方式，“甚至就连相当细微的地方也会影响孩子看待这个世界的方式。事实上，那些细微的地方可能对影响孩子如何思考尤其有效，甚至比更明显、直接的教学方式更有效”。孩子总是喜欢问“为什么”，因为这对他们理解世界上万事万物间存在的因果关系、了解事物更深层的本质特征具有重要的意义。所以，父母和老师应该尽可能满足孩子的好奇心，同时通过多问孩子一些“为什么”去激发他们的好奇心以及探索这个世界的欲望。

成年人所说的话对孩子的影响远远超出我们的想象，因为话语不仅能让孩子拥有丰富的词汇量，也能影响他们对这个世界的认知与情感，以及思考的逻辑与方法。

46 让孩子走进成年人的真实世界

> “‘带着你的孩子去工作’可能会成为一种惯例，而不是仅持续一天的年度活动，大学生可以花更多的时间观察和帮助正在工作的科学家和学者，而不仅仅是听他们的讲座。像夏令营和旅行这样的活动，对于父母有经济能力的孩子来说是很平常的，这些也许可以和职业体验活动交替进行。”
>
> ——高普尼克

我专门请教了在美国大学工作的同学，他告诉我，“带着你的孩子去工作”是很多美国公益机构，特别是妇女组织倡导的活动。这一活动于 1992 年在纽约开始实践，每年 4 月的第三个星期四就是“带着你的孩子去工作”这样一个特别的日子。

父母带着孩子到自己的工作单位去上班究竟有什么好处呢？一方面，这一活动能够让孩子走进真实的工作场景，接触父母的同事和朋友，体验不同的职业；另一方面，这一活动也能够让孩子了解父母的工作特点与辛劳程度。这一活动已经受到了越来越多的人欢迎。高普尼克建议，我们应该把这个职业体验活动作为一种惯例、一个制度来推广，而不是像目前这样，是一年只有一天的年度活动。她也特别强调，大学生不仅要听科学家的讲座，还应该直接参与科学家的研究活动，“花更多的时间观察和帮助正在工作的科学家和学者”，这是真正的现代科学学徒制。

我认为，以上观点对我们的大学教育也有启示作用，我们的大学如果能真正让学生们直接参与教师的科学研究与实验、社会调查与实践，他们的创造能力就能得到更快的提升。同样，对中小学生来说，学校不仅可以举办夏令营和暑期旅行等活动，而且应该尽可能让学生们直接参与具体的工作，让他们当一当学徒，以此培养他们的劳动精神与劳动技能。我也建议，中国的一些单位可以学习和借鉴让职工“带着你的孩子去工作”的做法，让孩子们有更多的体验，让父母与孩子有更多的交流和共同语言。

第四部分

爱

为孩子的旅程提供给养

父母的爱

让孩子的智力发展

成为可能。

47 爱孩子并不是给他们一个目的地

“

确切地说，爱孩子的意义就是为那些无助的幼儿提供一个丰富、稳定、安全的环境，这个环境充满变化、创新和新奇的元素，有助于激发他们的无限潜力。无论是从生物学和进化的角度来看，还是从个人和政治的角度来看，都是如此。爱孩子并不是给他们一个目的地，而是为他们的旅程提供给养。

”

——高普尼克

什么是爱？什么是真正爱孩子？高普尼克认为，爱孩子远远没有人们想象的那么简单。虽然关于爱的言论、书籍、歌曲、影视作品不胜枚举，虽然在现实生活中，爱的表现总是“矛盾、复杂和独一无二的，情感激烈，有时甚至是狂热的”，但是爱的意义也很明确，那就是要为孩子的成长提供一个“丰富、稳定、安全的环境”。

什么是“丰富的环境”？我的理解就是，要尽可能为孩子创造与美好事物相遇的机会，尽可能让孩子尝试和探索他们感兴趣的事情，让他们可以在探索世界的过程中与自己相遇，在与自己相遇的过程中发现自己、发展自己。什么是“稳定、安全的环境”？我的理解就是，要尽可能让孩子避免各种不必要的伤害，儿童成长早期的安全感对他们一生的心理健康至关重要。对父母和周边环境的信任会让孩子更加阳光、轻松、自然地适应外部世界，更加主动、积极地探索与合作。父母的陪伴和同伴给予的温暖在儿童成长的早期也至关重要。什么是“充满变化、创新和新奇的元素”？这与稳定、安全不仅不矛盾，而且是完全互补的，因为孩子对外部世界总是充满好奇的，而好奇心是他们成长与发展的重要动力，如果孩子生活的世界里没有变化和创新，就无法激发他们的好奇心。

无论是对生物学意义上的人，还是对社会学意义上的人来说，这样的环境都是最适合人成长的环境。因此，正如高普尼克所说，如果我们只给孩子一个目的地，而不能够为他们的旅程提供给养，那么孩子是无法自己抵达的。

48 爱的意义，是帮助孩子找到自己的道路

> “爱没有目的、标准或蓝图，但爱是有意义的。这个意义不是为了改变我们所爱的人，而是为了给他们提供条件，让他们蓬勃发展。爱的意义不是掌握我们所爱之人的命运，而是帮助他们掌握自己的命运；不是为了向他们展示道路，而是为了帮助他们找到自己的道路，哪怕他们所走的道路不是我们想选的，也不是我们能为他们选择的。”
>
> ——高普尼克

教育不能没有爱，这是所有人都明白的道理。但是，关于什么是真正的爱，不同的人有不同的理解。有些父母对孩子太过溺爱，满足孩子的一切要求，包办孩子的所有

事情，认为世界上的任何事情都不如孩子重要。有些父母精心谋划孩子的未来，按照自己的设计规划孩子的人生，甚至让孩子帮助自己实现未曾实现的梦想。从表面上看，这些父母的做法是爱孩子，但其实他们是爱自己。高普尼克告诉我们，真正的爱不是让孩子按照我们指引的道路前行，而是帮助他们找到属于自己的道路；不是让孩子按照我们选择的“模特”塑造自己，而是帮助他们掌握自己的命运。

每个孩子都有属于自己的天空。让孩子成为最好的自己才是最好的教育、最好的爱。作为父母，我们可以提供建议和指导，帮助孩子看清方向，认识自己，但是不能越俎代庖，代替孩子做决定。哪怕孩子最后走的那条路不是我们喜欢的，我们也要尊重孩子自己的选择，因为腿长在孩子身上，父母不能强迫他们走路，也不能代替他们走路。

49 不是因为爱所以照顾，而是因为照顾所以爱

> “我们爱孩子的原因不是出于孩子本身，而是出于我们自己。我们不是因为爱孩子才照顾他们，而是因为照顾他们，所以爱他们。”
>
> ——高普尼克

人类对孩子的爱“就像一个无法言喻的承诺”。这种承诺是不讲回报、没有利益交换的，“我们为孩子所做的事情与他们为我们所做的事情之间存在着如此深刻的不对等，我们对孩子的投资与回报之间也存在着长期滞后”。这种爱，可能有一部分来自于作为父母的本能，但更多的是来自于在陪伴孩子的过程中获得的深刻的满足感。这种深刻、积极的满足感，也是对父母的一种奖励。

对父母来说，高普尼克的这段文字还有一个更值得重视的意义，即父母更多地陪伴孩子，才会真正更爱孩子。孩子对长辈的依恋与长辈对孩子的爱有着密切的关系，这也是爷爷奶奶、外公外婆带大的孩子对祖辈的依恋会超过对自己父母的原因。心理学家对动物依恋现象的研究也证明了这个观点。例如，许多鸟类会在出生后依赖它们看到的第一个大型移动物体，生物学家康拉德·洛伦茨（Konrad Lorenz）带着一群出生不久的小鹅行走的实验更是说明，“特定的照顾者和特定的幼崽之间的特定联结”对于建立彼此间的关系起着非常重要的作用。

50 照顾孩子的工作需要相互合作

“

父母、祖父母、年长的孩子、过路者都喜欢和宝宝待在一起，这是人类特有的现象。这也是一个事实，如此多的人共同承担照顾孩子的工作，仿佛一家员工互相合作的企业，他们的工作就像狩猎一头猛犸象一样具有挑战性。

”

——高普尼克

高普尼克讲述了人类养育孩子的复杂性、合作性与挑战性。作为一名“祖母级”的心理学家，她深有体会地说，人类是少数在自己不能再生育孩子的时候，仍然能够继续生活、成长、照顾孩子的灵长类动物。这就意味着，照顾孩子不仅仅是父母的事情，也是围绕着孩子的相关生命所组成的共同体的事情，她把这一共同体形容为“一家员工互相合作的企业”。这一共同体包括孩子的父母、父母的父母即祖父母，以及孩子的兄弟姐妹、同伴，尤其是年长的同伴等相关的生命体。他们在孩子的成长过程中扮演着不同的角色，发挥着不同的作用。

养育孩子是比狩猎更为复杂的工作，更需要上述生命体分工合作、协调行动，才能胜任此项挑战性极强的工作。中国是一个重视隔代抚养的国家，祖辈参与教育的情况十分普遍，这种“一家员工互相合作的企业”的结构也更为复杂，不仅需要家庭成员们明确各自的角色与任务，更需要父母注重发挥好自身的养育作用。高普尼克还提到了“过路者”，也就是说，只要是出现在孩子生命中的生命体，都会对孩子产生一定的影响。成长过程中遇到的所有事物，都是孩子学习、模仿和探索的对象，父母不仅要在处理家庭、家族关系方面发挥示范作用，也要在处理与外部社会、大自然、其他人的关系方面给孩子做好表率。这正如在国外很流行的一句俗话所说——“培养一个孩子需要一个村庄”。

51 祖父母对儿童成长做出了重大贡献

> “人类最重要的特点是，我们是一个有文化的物种。漫长的童年使我们特别能够适应文化。我们可以从之前所有世代中学习，祖父母为我们提供了丰富的文化信息。他们将孩子与两代人的经验和知识联系了起来。无论是歌曲、拼读、食谱甚至是荒诞的故事……我们大多是在祖父母身边学到的。在文字发明之前，祖父母是人类历史最有效的联结。”
>
> ——高普尼克

在所有的物种中，人类的祖父母对第三代的养育发挥的作用可能是最大的。而且，在文字发明之前，人类文化的传承也主要是通过祖父母来实现的。

在人类历史的早期，青壮年父母往往直接从事狩猎、捕捞、种植等活动，养育孩子的任务也主要落在祖父母等老一辈人身上，歌曲、故事、食谱等也是他们一代代口耳相传下来的。人类漫长的童年让孩子有时间相对从容地去学习这些文化和经验。

人类学家克里斯滕·霍克斯（Kristen Hawkes）提出了“祖母假设”理论，认为祖母为早期人类儿童的成长做出了重大贡献，“当婴儿特别需要照顾时，帮助那些与自己有着相似基因的孙子、孙女可能比自己生育更多孩子更好”。高普尼克也是一个“祖母级”的心理学家，她在书中讲述了自己的亲身体验：“母亲之爱和祖母之爱的区别，就像青春期时的爱情和成年后的爱情一样。15 岁时，先有欲望，后有爱情；55 岁时，则是爱情带来了欲望。当我是个母亲时，是先产生了对孩子的感情，再抚养我的宝贝；当我成为祖母时，是责任和承诺催生了情感。”从这个意义上来看，我们中国人的隔代抚养模式的确更多地接续了人类的养育文化传统和中国的家族文化传统。“隔代亲”已成为中国家庭的一个重要现象，而如何趋利避害，则是一个重要的家庭教育课题。

52 父母的自我包含了孩子的自我

> “一旦我做出了要为孩子付出的承诺，我与之前的那个我就不再是同一个人了。我的自我里又多了另一个人，即使他还只是个无助的婴儿，无法给我带来任何好处，即使他的欲望和目标也和我的完全不同。”
>
> ——高普尼克

在孩子出生的前后，大多数父母的想法会出现许多变化。高普尼克坦诚地说：“有了孩子以后，我的价值观也会渐渐改变，会认为下一代的美好生活比我自己的幸福更加重要。”许多父母毫不犹豫地表示，愿意为孩子做任何事情，甚至愿意“为自己的孩子奉献生命”。

见证和参与另一个生命的成长，帮助一个弱小无助的婴儿成长为一个独立强大的成年人，这是一个神奇的过程，也是一个充满艰辛的过程。虽然在照料孩子的过程中，甚至在孩子长大成人之后，父母可能都得不到任何好处与回报，虽然孩子的目标与梦想和父母的也不一定相同，但是我们一旦成为父母，就意味着要承担更多的责任与义务，意味着我们“与之前的那个我就不再是同一个人了”，意味着我们的自我会被扩大，因为“里面还包含了另一个人也就是孩子的价值观和兴趣”。因此，在成为父母之前，我们的确需要三思，先做好思想准备和情感准备。

53 父母的爱让孩子的智力发展成为可能

“

无论孩子们拥有什么样的性格特点，是胆大还是胆小，是注意力集中还是注意力分散，我们都会无条件地爱他们，尽己所能去抚养他们。这为多样性创造了条件。这种爱也让‘无序’的智力发展成为可能。孩子们可以尽情探索，不急着运用，并让不同的想法代替他们去试错。如果孩子是波普尔笔下的科学家，我们就是高校和资助机构。通过我们，孩子拥有了我们意想不到的资源、工具和基础设施，并会用它们去解决问题。同样，就像做基础研究一样，当我们支持数以千计的不同项目时，结果会比孤注一掷要好很多。

”

——高普尼克

在童年时期，人类比其他任何动物都更需要关爱。父母对孩子的爱是没有附加条件的，真正爱孩子的父母会放手让他们去探索世界。儿童是在不断的试错中学习的，也是在不断的探索过程中认识自己、认识世界的。儿童的探索更多是出于好奇心和求知欲，没有什么功利性的目的，也“不急着运用”。但是，他们在探索过程中养成的思维方式、形成的探究欲望以及收获的探索成果，会在日后迁移到他们的学习、工作与生活之中。

对世界始终抱有好奇心、喜欢打破砂锅问到底的习惯会让人不断地成长、不断地超越。所以，父母和老师应该像开明的大学和科研机构一样，不是发号施令让科学家去做什么，而是做好服务、提供支持，让科学家根据自己的兴趣去做科学研究。

从某种意义上来说，科学研究与孩子的探索很相似，都是不断试错的过程。科学研究不可能 100% 成功，孩子的探索也不可能 100% 成功。所以，允许失败是科学研究的重要原则，也是我们对待孩子的探索应有的态度。如果我们只允许孩子做一件事，如只要求他们成为得到高分的英雄，那么很多孩子终会无路可走。就像如果我们只要求科学家做我们规定的事，他们也会无路可走一样。允许失败，鼓励探索，鼓励创新，才能孕育成功。为孩子提供“可以无拘无束探索的机会”，是对孩子最可贵的支持和最伟大、最智慧的爱。只有这样，孩子才有可能创造出超乎我们想象的奇迹。

54 在实践中去爱的关键是和孩子一起做事

> “过去的命令方式是：照我说的去做，而不是照我做的去做。这在幼儿面前是不太管用的。孩子不仅会像你做的那样去做，还会按照你想要做的去做，就像你真正会做的那样，还会以对你来说最合理的方式去做。如果你知道自己在做什么，他们会做他们认为你应该做的事；如果你不知道自己在做什么，他们也会继续做他们认为你应该做的事。”
>
> ——高普尼克

既然孩子是最伟大的观察家、最优秀的模仿者，父母就要在家庭生活中成为他们的榜样。孩子经常不太在意父母怎么说，而更在意他们怎么做，“对孩子来说，观察和模仿技术娴熟的父母和其他人本身就是一种教育”。高普尼克建议，父母最好尽可能和孩子一起做事情，而且在做事情的过程中不妨将行动“放慢一点”，让孩子看得更清楚一些，做得更准确一些。她认为，父母对孩子的爱不会更多地体现在生活中的甜言蜜语之中，而会更多地体现在与孩子一起做事的实践之中，即“在实践中去爱的关键是一起做事，无论是工作、散步还是烘焙蛋糕，父母和孩子都要以适应双方优点和缺点的方式共同参与活动”。

请永远记住，孩子其实远远比我们想象的更聪明、更能干、更能领会我们的意图。不要觉得与孩子一起做事情是浪费时间，虽然孩子可能不会把一些事情做得很完美，但是孩子在和我们一起做事情的过程中能够成长得更快、更好。

55 如果孩子没有机会失败，父母就不成功

> “为人父母的成功在于养育成人的孩子能够自己做出决定，哪怕是错误的决定。好的父母会让孩子在一个安全、稳定的童年期不断尝试和探索全新的生活和存在方式，让他们勇于冒险。风险只有在事情变坏之后才能真正被称为‘风险’。如果孩子连失败的机会都没有，那我们就不是成功的父母。同样，好的父母也会支持孩子以自己未曾预料到的方式去获取成功。”
>
> ——高普尼克

高普尼克说“为人父母是在一系列矛盾中寻找平衡的艺术”。其中，在失败与成功之间的平衡就是一种关键的平衡。孩子最终是要走自己的路的，他们是自己人生方向

的最终决定者。因此，学会放手是父母必须努力践行的教育原则。没有父母和老师的放手，就没有孩子的自主探索，就没有他们日后的冒险与创新。高普尼克把孩子能够自己做出决定（哪怕是错误的决定）作为为人父母成功的标志，这一观点是有其合理性的。

也就是说，在儿童期，父母就要鼓励孩子独立做出判断，做出决定，让他们独立地探索和尝试“全新的生活和存在方式”，只有这样，他们才能在成年之后独立地选择自己的人生道路，并为自己的选择负责。当然，这种放手不是完全的放任不管。这样做的前提是要为孩子提供一个“安全、稳定”的可控环境，不至于造成特别严重的后果。这就是所谓的“平衡的艺术”。

特别耐人寻味的是，高普尼克认为，如果孩子连失败的机会都没有，那我们就不是成功的父母。为什么高普尼克会这样说呢？因为孩子的探索不可能百分之百成功，只要父母放手，孩子就有可能失败。如果孩子连失败的机会都没有，那就说明父母完全包办了孩子的生活，限制了孩子活动的时间与空间。所以，允许失败，包容失败，让孩子有失败的经历和体验，这本身也是非常重要的教育。

56 父母和孩子的故事里不只有悲伤，更有希望

“

父母和孩子的故事里不只有悲伤，更有希望。父母给了我们过去，我们也会留给孩子属于他们自己的未来。

”

——高普尼克

高普尼克在书中讲述过俄耳甫斯的感人故事。俄耳甫斯是希腊神话中著名的诗人与歌手，他的父亲是太阳神阿波罗，母亲是掌管文艺的缪斯女神卡利俄帕。俄耳甫斯有一位情投意合、如花似玉的妻子欧律狄刻，欧律狄刻在一次郊野的游玩中被毒蛇咬到后不幸去世。俄耳甫斯听闻噩耗后痛不欲生，舍身冲入冥界寻找妻子，但最后功亏一篑。从此以后，俄耳甫斯对一切都失去了兴趣，孤身一人

隐居在色雷斯的岩穴之中。

“作为父母，我们也会经历一种对未来的俄耳甫斯效应。无论是作为孩子的父母还是祖父母，我们都会看着他们步履坚定地走向我们永远无法到达的未来。”也就是说，除了少数“白发人送黑发人”的个例，绝大多数父母无法与孩子共同走完全部的人生路，而只是陪伴他们走过一段旅程。但是，在共同走过的旅程中，父母和孩子已经给彼此打上了烙印，父母身体里的一部分将继续陪伴孩子走向未来。所以，“父母与孩子的离别故事里不只有悲伤，更有希望”。父母应该像园丁那样，为孩子的成长提供温暖、有爱、安全的环境，让他们自由地成长，长成自己最美好的模样。

第五部分

陪伴

共同面对成长中的问题

没有父母的成长,

就永远不可能有孩子的成长。

57 陪伴孩子成长，关键就是要多和孩子说话，多给孩子读书

“研究表明，即使是非常年幼的孩子也对细节很敏感，并且可以广泛地从他人所说的话语中学习。这与人们的一般想法是吻合的，即跟孩子说话、给孩子读书是有好处的。”

——高普尼克

很多知识是无法通过观察和模仿获得的，如虚构的事物、神话或宗教知识等，这些就必须通过语言来传授。作为这个世界上已知唯一的符号性动物，人类之所以为万物之灵，就在于人类能够通过语言和文字进行学习，能够把自己的经验符号化，并通过符号化的文字将这些经验记录和保存下来，传承下去，让下一代人站在上一代人的肩膀上前行，不断超越，不断发展。

人类的话语中蕴含着大量的信息，而孩子对这些话语十分敏感。所以，父母在陪伴孩子成长的过程中，要多和孩子说话，多给孩子读书。孩子成长早期的语言环境越是丰富，孩子今后的人生就越是丰富多彩。

高普尼克在书中介绍了 20 世纪 70 年代美国学者贝蒂·哈特（Betty Hart）和托德·里斯利（Todd Risley）的一项研究，这项研究表明，不同家庭使用的对话和语言存在着惊人的差异。统计数据表明，在社会底层的家庭中，孩子每小时听到的单词数约是 616 个；在工薪阶层的家庭中，孩子每小时听到的单词数约是 1 251 个；在高收入的家庭中，孩子每小时听到的单词数约是 2 153 个。曾有一项研究表明，在 4 岁之前，出生在社会底层家庭的孩子由于缺少和父母的沟通交流，会比高收入家庭的孩子少听约 3 200 万个单词。与低收入家庭的父母相比，高收入家庭的父母和孩子交流的时间更多，高收入家庭的孩子与他人交流的意愿更强烈，词汇量也更丰富。而拥有丰富的词汇量和良好的沟通技巧恰恰是孩子今后在学校生活和社会生活中所需要的重要能力。从这个意义上讲，我们甚至可以认为“父母的语言能力才是孩子的起跑线”。

58 和孩子一起“疯”，对父母和孩子都有好处

> “如果孩子在探索他人的心智，那么真实的其他人的心智才是最好的玩具……玩耍对成年人来说也很有趣。这是对准备足够资源让孩子茁壮成长的不那么有趣的工作的一点补偿。”
>
> ——高普尼克

成年人和孩子一起玩、一起“疯”，对成年人和孩子来说都有好处。对成年人来说，玩耍可以让自己彻底放松，体验童年的乐趣，也可以让自己更全面、更具体地了解孩子，走进他们的内心世界。对孩子来说，和成年人一起玩耍有助于探索成年人的心智世界，从而促进自我的成长。

"玩耍是人类童年的重要组成部分"，没有玩耍就没有童年。对孩子来说，玩耍就是最有效、最有趣的学习。

59 学徒训练是历史主流教育方式

“技能的学习是如何发生的呢？在人类历史的大部分时间里，童年时期的学习意味着学徒训练，但那并不是在学校里进行的。孩子们先是在家中或在家庭之外非正式地学习技能，越往后就会越正式地学习。那时的大多数人是觅食者或农民，孩子会通过帮助大人工作来学习，其实现在他们也仍然在这样做。孩子还通过成为师傅和工匠的学徒来学习更专业的技能。”

——高普尼克

人类在漫长的时间里是没有现代意义上的学校的，所有的“教育”都是通过学徒训练的方式完成的，人们是在生活与生产的过程中学习的。童年早期，孩子通过玩耍来模仿大人的行为，之后，大人带着孩子学习，从而让孩子进入真正意义上的学徒阶段。

“学徒会用心观察师傅，然后自己尝试操作简单的部分”，接着“师傅通常会相当挑剔地评价学徒所做的工作，并让他再做一次。随着每一轮的模仿、练习和评价，学习者对技能的运用会越来越熟练，也可以越来越多地处理整个过程中技能要求更高的部分”。因此，学徒制的关键是观察、模仿、练习，是师傅与学徒的共同参与。在现代学校制度产生以后，学徒制逐渐式微，职业技术教育也改为规模化的课堂教学，但效果往往不佳。因此，新学徒制呼之欲出。同时，体育、音乐、写作等方面也越来越多地引入了学徒制的教学方法。观察、模仿和练习，永远是学习过程中的重要方式。

60 目标导向的学校教育是一种新发明

> “有很好的证据表明，在学校的阅读课上表现如何，最好的预测因素是孩子在家里听到了多少话语，以及他们看过多少书。但是掌握诸如阅读、写作和算术等学术技能本身并不是目的，它们只是发现新事物的一种手段。”
>
> ——高普尼克

学校是人类社会发展到一定阶段的产物。一方面，女性走上工作岗位后，人们普遍需要一个照看孩子的场所；另一方面，由于教育资源有限，大工业生产又要求劳动者具备基本的读、写、算能力。这是现代学校教育产生的重要原因。人类的主要教育场所由此从家庭转向学校，但家庭教育并未完全退出历史舞台。

高普尼克的这段话有两层重要含义。

第一，家庭教育对学生学业成绩的影响非常大，根据学生的家庭教育情况，我们甚至可以直接预测学生在学校的学业成就。这是因为，大量研究表明，孩子在家里听到的词汇越多，他们的语言能力就越强；孩子在家里与父母的共同阅读时间越多，他们的知识面和视野就越广，阅读课的成绩也就越好。

第二，学校教育对于学生读、写、算能力的培养，本身不是教育的直接目的，“从长远来看，这些学术技能可能非常重要，但它们本身毫无意义”，学校教育的目标是让学生通过掌握读、写、算的能力去获得更多的知识和技能。这一目标强调让学生掌握一些工具性的日常生活技能，与孩子自发的观察、模仿、练习的学徒式学习方式有很大的差异。

高普尼克特别提醒，人类在童年期的学习特征，如探索发现和好奇心等，与学校教育的学习方式并不匹配。“在大多数学校里，除了操场以外，不仅孩子探索发现的场地有限，而且他们也没有机会真正地掌握技能。学校既不是鼓励探索的机构，也不是学徒的训练中心”。所以，在孩子进入学校之后，父母和老师应该继续关注孩子的探索式学习，尽量满足他们的好奇心和求知欲。

61 个体的个性化与多样性保证了人类进化的适应性和稳健性

“

关于学校教育和学习不能很好地结合在一起，还有另一个方面的原因。每个孩子都会尝试各种不同的新想法和新行为，但是他们之间也有很大的不同。从出生时起，孩子们就有各种各样的脾气秉性、兴趣爱好、长处和短处，即使成长在同一个家庭里也是如此。从进化的角度来看，这种可变性为适应性和稳健性提供了保证，它能确保一个社区、村庄乃至一个国家能够应对不断变化的环境。这是文明进步的秘诀。

”

——高普尼克

学校教育是以掌握式学习为主的。学校教育要求学生掌握基本的概念与知识体系，要求学生在考试的时候能够及时、准确地写出答案。在高普尼克看来，学校教育与家庭中的探索式学习有很多不相容之处，即“不能很好地结合在一起”，传统的学校教育一开始就制定了诸多标准，标准化的统一要求使得学校很难满足个体的差异化需求，即不能满足学生的个性化与多样性需求。

实际上，每个孩子都各不相同，每个孩子都有着不同的认知风格、个性特点、行为习惯、优势和潜能。正是这样的个性化与多样性，才保证了人类进化的适应性和稳健性，因为无论社会环境如何变化，总有人能够从容面对，并带领一个社区、村庄乃至一个国家战胜各种变化与挑战。如果社会上只有一种声音，如果所有人都是按照一个模板浇铸出来的，那么人类很可能会出现整体性的覆灭。因此，用一个标准、一张试卷来衡量不同学生的能力，是极其危险的事情。而注重个性化与多样性，帮助每个孩子成为最好的自己，不仅是孩子们的福音，更是人类社会健康发展所必需的。

62 好的教育不是削峰填谷，也不是补齐短板

“

目标导向的学校教育视角使个性化成为一种劣势。如果你认为学校是专为培养具有特定特征的孩子而设计的机构，那么个性化就是一个缺点，而不是优点。事实上，在最坏的情况下，个性化不仅仅是一个问题，更是一种‘疾病’。不符合学校要求的孩子会被视为生病了、有缺陷或有残疾。这种‘疾病’模式非常普遍，因为许多在学校里被看重的技能与大多数孩子天生的能力和优势相去甚远。

”

——高普尼克

个性化与多样性不仅是每个孩子的福音，更是人类社会健康发展所必需的，但是，喜欢整齐划一的学校教育经常削峰填谷，把人的个性化特征定位为人的劣势。传统的

学校只需要统一的标准，只需要学生具有识记知识的能力，就像是“专为培养具有特定特征的孩子而设计的机构”，仿佛只须按照模具浇铸出同样规格的模型。如果不符合这个规格，学生就会被学校认定为病人、有缺陷的人甚至是残疾人。

好的教育不是削峰填谷，不是补齐短板，而是扬长避短，是张扬个性，是和而不同，是美美与共。这样才最符合人的本性，最符合教育的本质。

63 学校就像专注力竞技场

> "学校教育要求你拥有比普通的成年人更强的专注力。随着年龄的增长，很多孩子都能培养出这种专注力，但有更多的孩子在进入学龄期后仍然难以集中注意力。特别要提出的是，学校的兴起和注意缺陷多动障碍（ADHD）的发展有着密切的联系。"
>
> ——高普尼克

为什么在过去的 20 年中，美国被诊断患有 ADHD 的儿童数量几乎翻了一番？为什么在美国居然每 5 个男孩中就有一个在 17 岁之前被诊断患有 ADHD？为什么超过 70% 被确诊的孩子都接受过药物治疗？究竟是孩子们出了问题，还是教育出了问题？

我个人认为，无疑是教育出了问题。因为，这和近20年来美国有越来越多的州开始根据考试成绩来评估学校和老师有着密切的关系。给那些学业成绩差的学生贴上ADHD的标签，有助于减轻老师的责任，而“当在压力之下要让学生取得高分时，学校会有意无意地鼓励表现不佳的孩子去医院进行ADHD的诊断，可能是因为药物能帮助他们取得更好的成绩”。把学校作为专注力的竞技场，把学业成绩作为评价学校与老师的唯一标准，必然会导致教育的功利主义，导致教育本性的异化，导致对学生身心发展的摧残。我们没有必要动不动就给孩子们贴上“多动症”的标签，他们本来就是活泼好动、精力旺盛的。如果想让孩子们像大人一样守规矩，我们的教育就是真的出问题了。

64 应该改变学校，而不是让孩子适应学校

> “ADHD 既是生理性的，也是社会性的，而改变社会制度可以帮助孩子茁壮成长。我们应该改变学校，以适应不同孩子的大脑发育状况，而不是给孩子的大脑用药，让他们去适应学校。”
>
> ——高普尼克

人的身心发展是有内在规律的。儿童，尤其是小男孩，他们的注意力具有广泛性，“总是不自觉地关注让他们感到好奇的事物”。从这种广泛的注意力转变为更集中的注意力，是从探索式学习转向掌握式学习必须经历的过程。但是，广泛的注意力本身就是童年的一部分，是好奇心和求知欲的核心。

而学校教育往往忽略了这个重要的特点，片面强调了集中注意力的重要性，强制性地要求所有孩子在短时间内迅速完成这个转移过程。这就让教育走向了极端，结果“欲速则不达”，造成了负面的教育效应。理想的情况是，学校应该尽可能适应孩子的发展情况，适应每个孩子不同的注意力特点和认知习惯，而不是一味地让孩子去适应学校，用同一个标准、同一种风格规范所有的孩子。我们要允许孩子在注意力方面有所差异，帮助他们逐步拥有更强大的专注力。

65 学校教育应该服务于不同类型的孩子

> “学校本该尊重多样性，但事实恰好相反。我们来看一下标准化考试吧。责任和绩效等目标的评估和考核都需要标准化考试，这已经是众所周知的事情了。而一些木匠型学校也把标准化考试成绩当成追求的目标，这样的想法就是在说，学校应该被设计成把所有孩子都塑造成具有特定特征的生物的地方。”
>
> ——高普尼克

学校本来应该是孩子们能够真正持续地探索和发挥能力的地方，应该是孩子们能够掌握真实世界所需技能的地方，应该是孩子们掌握诸如阅读、写作和算术等学术技能的地方。“问题在于如何让天生拥有丰富多样的学习能力的孩子适应这些不同的学习目标。”

也就是说，学校应该是帮助学生适应未来社会真实需求、掌握生存与生活的必需技能的地方。学校不应该只有一个统一的标准，不能够只满足少数学生的发展需求，不能只有一个第一名，不能被设计成“把所有孩子都塑造成具有特定特征的生物的地方”，而应该有一个“安全、稳定、结构化且丰富的环境”，在这个环境之中，“多样性、创造性和新奇的想法都能开花结果”。只有多样性才能培养多样性，只有丰富性才能培养丰富性。承认多样性，发现多样性，鼓励多样性，发展多样性，应该是未来学校的重要使命。

66 最重要的学习发生在教室之外

> “童年中期一些最重要的学习根本不发生在教室里，它们发生在午餐时间、课间休息时间、走廊上和乘坐公交车的时候。孩子在学龄期最伟大、最具挑战性的转变就是从以养育者为中心的生活过渡到以同伴为中心的生活，这些同伴包括朋友、领导者、追随者以及竞争对手等。但是，典型的学校教育大纲将这种课外学习视为干扰或问题，尽管从长远的眼光来看，这些比其他任何课程都更重要。”
>
> ——高普尼克

童年中期指 6 ～ 11 岁这个年龄阶段，也就相当于小学阶段。在这个阶段，教室之外的学习经常被学校教育忽视。在这个阶段，孩子们最大的变化是从一个小小的家庭来到了一所大大的学校，生活圈从以父母（或其他养育者）为中心过渡到以同伴为中心。在这个阶段，伙伴关系在孩子的成长过程中显得十分重要。

高普尼克认为："人类独特的合作和协调能力是最重要的进化特征之一。管理范围广大的人际网络，如何分工、谈判、妥协和争取利益是人类最重要的挑战之一。"这些能力不是学龄阶段的孩子在课堂上习得的，而是他们在与朋友们玩耍的过程中习得的。孩子幼时的玩伴可能与他们未来的生活和工作密切相关，他们有可能成为同事、爱人、领导、下属、朋友、对手等。但是，学校教育往往不重视这些"最重要的学习"，把教室外的学习视为学校教育的干扰。这是学校教育需要改进的地方。新教育实验中的生命教育强调培养孩子的人际交往与沟通能力，注重培养孩子的领导力，正是希望解决传统学校教育在这方面存在的问题。

67 青少年最需要的是社会性奖励

> “青少年最需要的是社会性奖励，尤其是同龄人的尊敬。在一项研究中，青少年们躺在功能性磁共振成像的设备中，进行了一个模拟的高风险驾驶任务。当他们认为有另一个十几岁的孩子在看他们操作时，他们大脑中的奖励中枢便会更加活跃，也会因此冒更多的风险。”
>
> ——高普尼克

神经科学家和心理学家认为，青春期的许多特点与这个时期青少年身上出现的生理和化学变化有关，并且涉及大脑中对奖励做出反应的区域，这是一种能够让原本平静的青少年“变得焦躁不安、精力旺盛、情感强烈的系统，这个系统可以让青少年渴望达成每一个目标、实现每一个愿望、体验每一种感觉”。而且奇怪的是，当青春期过去以后，这个动机十足的系统就开始趋于平静，“躁动不安”的青少年也就变成了“相对平静”的成年人。这样的生理变化与一个重要的社会诱因有关，那就是高普尼克在书中提到的所谓“社会性奖励”。

神经科学家发现，青少年大脑中的奖励中枢比儿童和成年人大脑中的奖励中枢都要活跃得多，他们的鲁莽行为往往不是因为低估了风险，而是因为高估了奖励，尤其是来自同伴的肯定与鼓励。这就是我们所说的“人来疯”，无论是初恋时的狂热，还是群体性比赛时的兴奋，都与青少年大脑中的奖励中枢相关。而这正是青春期本身的发展特征——远离家庭和父母，“走进同龄人的世界”。

68 给青少年安排更多学徒训练机会

“我们可以尝试给青少年安排更多的学徒训练机会，而不是给他们提供越来越多的学校经验，比如那些额外的课后课程和家庭作业。美国服务队（AmeriCorps）就是一个很好的例子，因为它既为青少年提供了现实生活所需的经验，又提供了一定程度的保护和监督。”

——高普尼克

美国服务队，又称美国志愿队，创立于1994年，是一个覆盖全美国的大型志愿者服务系统。美国服务队每年会招收大约27万名17岁以上的专职或兼职志愿者，以为社会公共领域如教育、安全、卫生、环境等提供志愿服务。

对青少年来说，志愿服务不仅是做公益活动，而且是社会化学习的重要路径，是“边做边学”的重要形式。因此，高普尼克特别鼓励为青少年提供更多像这样的“学徒训练”机会，并认为这比学校生活更能锻炼学生的能力，比额外的课后课程和家庭作业更受学生欢迎。“学徒训练”和美国服务队有一个共同的特点，就是“既为青少年提供了现实生活所需的经验，又提供了一定程度的保护和监督”。与让学生完全独立工作、承担责任不一样，这种学习是让学生在经验丰富的长者的直接指导下，在社会生活的真实场景中解决问题。这样的模式对学生的成长是十分有效的。

69 给孩子一点属于他们自己的时间

"

至少对于中产阶级家庭的孩子来说，教育模式已经导致他们过上了被过度安排的生活，甚至连社交生活和探索也被严格地控制和安排着，所有这些都是为了塑造他们。孩子继续把他们的自主探索塞进忙碌的生活间隙中，但是没有得到父母的帮助。

"

——高普尼克

我们总以为孩子不会安排自己的生活，总担心孩子浪费了宝贵的学习时间，总是希望帮助他们规划生活，总是把他们的时间填得满满当当的。其实，这样反而侵占了孩子的发展空间。哪怕是游戏活动，我们也更偏好有组织的比赛，而"这些比赛占据了孩子们的课余生活"。其实，对孩子来说，他们自己发明和组织的各种游戏和比赛可能更加有趣、更为深刻，甚至更加重要。因为，孩子的游戏往往“涉及成年生活中不可或缺的协商和合作等方面”。例如，制定壁球规则就好比制定法律、法规，建造一间树屋就好比建造一座城市。

“学龄期的孩子创造了他们自己的文化，他们用这种文化来探索现实世界，就像年幼的孩子探索心理世界一样。”高普尼克分析的这个问题，对家庭教育和学校教育都具有重要的警示意义。中国的很多父母总喜欢把孩子的活动“严格地控制和安排”起来，用自己的想法去塑造他们，让孩子实现父母没有实现的梦想。在学校教育中，教师更是“不放过”孩子的每一分钟。为什么不能给孩子一点属于他们自己的时间，让他们发发呆，让他们“疯一疯”呢？

70 人类在改造环境的同时也在重塑大脑

"

人类不仅能进行技术创新，还能把新技术一代代传承下去。其他任何动物都无法与其比拟的是，人类在不停地改造着物质环境，而从中获得的各种经验也不断地重塑着人类的大脑。特别是在幼儿早期阶段，每个孩子都在父母营造的新环境下成长。每一代人的大脑都因不同的早期经验而有着独特的运作方式，每一代人都会对环境进行特有的改造。在数代时间内，人类的大脑就能发生巨大的变化。

"

——高普尼克

高普尼克用了心理学家所言的“文化棘轮效应”来解释人类的学习与创新。棘轮（ratchet）是一种单向齿的齿轮，它的特点是只能往一个方向旋转而不能倒转方向。美国经济学家詹姆斯·杜森贝里（James Duesenberry）最早把它用在解释人的消费行为上，认为人的消费习惯在形成之后具有不可逆性，即易于向上调整，而难于向下调整。这种习惯效应使人的消费习惯取决于自己过去的高峰收入，这种特点被称为棘轮效应。这也就是我们通常所说的“由俭入奢易，由奢入俭难”。

其实，人类的文化棘轮效应与人类的符号性动物身份有着密切的关系。人类运用语言符号把自己的智慧和创新用文字的方式记录下来，任何一代人都可以借助文字，借助那些伟大的书籍，把前人的思想、智慧、创新加以消化和吸收，然后进行新的创造。人类不会像其他动物那样不断重复以前做过的事情，原因就在于“人类可以将祖辈的新兴发明当作常识，并在此基础上追求创新”。人类在不断创造的过程中，既改造了自然环境，也改造了自己、重塑了大脑。

71 青少年处在技术和文化变革的前沿

“孩子能够迅速有效地接收各种文化信息，这也是让代际创新能被传承下去的原因之一。证据表明，孩子，特别是青少年，正处在技术和文化变革的前沿。”

——高普尼克

创新与传承是相辅相成的。传承，是对过往创新的传承；创新，是在传承基础上的创新。高普尼克讲述过自己从两岁开始阅读的故事，她把阅读称为“装置”，表明自己是阅读纸质印刷品成长起来的一代人。但是，现在的年轻人作为“互联网原住民”，则会对“装置”进行有意识的改造和创新，“他们不知不觉就拥有了整个过去，并带着习得的知识走向未来”。也就是说，在高普尼克看来，相对于儿童和青少年来说，成年人要想掌握一些新的知识，学习一些新的技能，过程可能是“痛苦又缓慢的”，需要付出许多特别的努力，而孩子却可以“毫不费力地掌握新知识”。这是因为孩子拥有了新的“装置”。

我们经常担心孩子不能够迅速掌握知识与技能，殊不知他们的学习能力远远超过老一辈的人。孩子总是处在流行文化变革的前沿，处在技术变革的前沿。因此，高普尼克在书中对儿童的赞赏溢于言表：“童年并不是一个天真无知的年代，孩子不会免于技术创新和文化变革的影响。恰恰相反，童年和青春期正是这些变革兴起、发展并闪耀光芒的时期。”虽然许多技术和文化创新是由成年人主导的，但是孩子所拥有的“新奇倾向”可能会改变这些创新技术的使用方式，而且孩子会用各种各样不寻常的方式让各种既有的发明和创造成果得到传承和创新。

72 人的大脑就像一个“黑匣子”

“

认知科学已经证明，看、说、记这些最简单的行为背后，都经过了超级复杂的脑内计算。把众多书面符号转化为思想同样需要一个聪明的大脑。虽然人类耗费了数十万年才进化到拥有看、说、记等简单的行为能力，但发展复杂的阅读能力却只耗费了几千年的时间。

”

——高普尼克

教授心理学的老师经常说，人的大脑就像一个“黑匣子”。的确如此，虽然现代脑科学发展得很快，但是距离全面、准确地认识大脑还有很漫长的路要走。人类并不是从一开始就有阅读生活的，在漫长的发展历程中，人类在大部分时间里是没有文字和阅读活动的。

人类用了数十万年的时间才进化到拥有看、说、记的简单能力，而从拥有这些简单能力进化到真正拥有文字和复杂的阅读生活的时间则要短得多。也就是说，人类“原装”的大脑最初是没有配备阅读这一“装置”的，阅读是随着人类认识世界、改造世界的能力阅读提高而逐步发展出来的。因此，阅读对人类来说的确还是一门“新的技术”，“大脑的阅读能力是人类后来才有的创新，我们的大脑起初并不会阅读”。这也意味着，随着人类阅读实践的不断深入以及阅读载体与阅读方式的不断变化，人的大脑仍然会继续进化。

73 年轻的大脑能够轻松地学习

> “孩子大脑的注意力和学习能力的运作方式完全不同于成年人。年轻的人类大脑有着分布更广的胆碱类神经递质，这让他们不需要太多专注力和计划就能学习了。一切新鲜的事物，无论是多么令人惊讶的，还是看似无用的或杂乱无章的，年轻的大脑都能轻松地学习和掌握。”
>
> ——高普尼克

儿童的学习能力的确是非凡的。他们在人生的早期就学会了许多非常重要的知识与技能，比如复杂的语言、直立行走及人际交往等，这是成年人很难做到的。如果成年人来到一个陌生的国家，他们永远也无法用相同的时间学会儿童在他们的生命早期就能学会的知识与技能。有些成年人甚至一辈子也难以掌握身处的陌生国家的语言。

脑科学的研究发现，人的学习活动与神经元有着密切的关系。当成年人集中注意力的时候，大脑中负责制定目标、计划的前额叶皮层会释放胆碱类的神经递质，而这些能够促使人类学习的神经递质只能传递到大脑的某些特定部位。也就是说，在成年人的学习过程中，大脑的定位是相对准确、专一的。而儿童在学习的时候，整个大脑都会为其提供支持，不需要专注于特定的脑区就能够进行有效的学习。因此，在成长的早期为儿童提供丰富的学习资源与良好的学习环境，对他们的成长有着非常重要的意义。

74 未来的学习一定是超越学校的全时空学习

> 我们这一代人在童年运用开放和灵活的大脑掌握了阅读技能，而现在出生的这一代将会沉浸在数码世界里，不知不觉地适应它。这一代人才是数码原生代，而我们只能算是数码时代的移民，还带着磕磕绊绊的口音。
>
> —— 高普尼克

高普尼克认为，我们正处在一场“戏剧性的技术变革”之中。正如文字和阅读对我们祖先的大脑进行了重塑一样，我们正在见证数码世界对新一代人类的大脑进行重塑。我们不应该批评下一代人沉溺在电脑和互联网之中，而且，我们完全有理由相信，“这些年轻的大脑会变得和我们的不同，就像能够阅读的大脑与无法阅读的大脑具有显著的差异一样”。也许，人类的大脑向数码世界的大脑进化的过程，要比从无法阅读的大脑进化到能够阅读的大脑的进程快得多。

技术变革及其带来的文化、教育的变革，有时会远远超出我们的想象。正如我在《未来学校》中设想的那样，未来的学习一定是超越学校的全时空学习。因此，对于数码原生代而言，这个世界是属于他们的，我们只是作为“移民”来到了他们的星球，我们也必须不断学习，才能够适应属于他们的世界。

结语

成长的心法是让孩子成为最好的自己

在当今社会，家庭教育在孩子成长过程中的重要性不言而喻。我常常思考，为什么现代父母对于教育这么焦虑？这种焦虑来自何方？究其原因，很大一部分是对教育的理解尚未达到深刻的层次。尽管教育学家们对于孩子成长、家庭教育已有明确倡导的理念，但在整个社会范围内，这些理念尚未形成共识。

对于父母来说，他们都期望孩子能够出人头地，期望孩子成为所谓的“第一名”。但我们都知道，真正的“第一名”是唯一的。每一个孩子都是独特的，与其盲目追求一个难以实现的目标，不如培养孩子，让他们成为最好的自己。我常说："幸福比成功更重要，成人比成才更重要。"这些观点不仅是我的个人看法，在教育界也得到了广泛的认同。

要想让更多父母、教育者真正理解并接纳这些教育观念，我们需要从以下三方面努力：

首先，我们需要提高教育领域的专业性。需要有真正的专家站出来，为大家解读正确的教育理念，反对那些片面的观点和伪科学。

其次，改变，最关键的是从今天开始，从当下开始。大部分父母都没有进行过科学的育儿知识的学习以及育儿方法的训练，所以父母是容易犯错误的。那么一旦犯了错误怎么办呢？我们说家庭教育的影响是不可逆的，但是可以改变，最关键的是从今天开始，从当下开始，用更好的方法、更大的热情、更积极的努力、更诚实的态度去改变。父母首先要改变自己，父母对人生、对世界的认识影响父母自己的行为，也将传递给孩子。我认为任何改变都不会迟，当然如果过了关键期人是很难改变的，需要付出更大的努力。因此父母需要在孩子小的时候尽己所能走近教育、理解教育。

最后，我们需要更多真实、接地气的榜样故事来告诉大家：每一个孩子都有他的特点和闪光点，每一个家庭都可以走出一条适合自己的教育之路。

教育不仅仅是学校的事，更是家庭的事。家庭是帮助孩子成长的第一所学校，父母是孩子的终身老师。只有当父母真正理解了教育的意义，用爱和尊重去对待孩子，给他们提供一个充满爱、尊重和理解的家庭环境，让他们自由成长，绽放自己的光芒，我们的孩子才会真正快乐，我们的社会才会真正进步。

总之，教育的真正意义在于培养人，而不仅仅是培养“学霸”。希望每一位父母都能理解并实践这一点，让我们的孩子在“园丁式”的养育中，在爱与理解中快乐成长。

未来，属于终身学习者

我们正在亲历前所未有的变革——互联网改变了信息传递的方式，指数级技术快速发展并颠覆商业世界，人工智能正在侵占越来越多的人类领地。

面对这些变化，我们需要问自己：未来需要什么样的人才？

答案是，成为终身学习者。终身学习意味着永不停歇地追求全面的知识结构、强大的逻辑思考能力和敏锐的感知力。这是一种能够在不断变化中随时重建、更新认知体系的能力。阅读，无疑是帮助我们提高这种能力的最佳途径。

在充满不确定性的时代，答案并不总是简单地出现在书本之中。“读万卷书”不仅要亲自阅读、广泛阅读，也需要我们深入探索好书的内部世界，让知识不再局限于书本之中。

湛庐阅读 App：与最聪明的人共同进化

我们现在推出全新的湛庐阅读 App，它将成为您在书本之外，践行终身学习的场所。

- 不用考虑“读什么”。这里汇集了湛庐所有纸质书、电子书、有声书和各种阅读服务。
- 可以学习“怎么读”。我们提供包括课程、精读班和讲书在内的全方位阅读解决方案。
- 谁来领读？您能最先了解到作者、译者、专家等大咖的前沿洞见，他们是高质量思想的源泉。
- 与谁共读？您将加入优秀的读者和终身学习者的行列，他们对阅读和学习具有持久的热情和源源不断的动力。

在湛庐阅读 App 首页，编辑为您精选了经典书目和优质音视频内容，每天早、中、晚更新，满足您不间断的阅读需求。

【特别专题】【主题书单】【人物特写】等原创专栏，提供专业、深度的解读和选书参考，回应社会议题，是您了解湛庐近千位重要作者思想的独家渠道。

在每本图书的详情页，您将通过深度导读栏目【专家视点】【深度访谈】和【书评】读懂、读透一本好书。

通过这个不设限的学习平台，您在任何时间、任何地点都能获得有价值的思想，并通过阅读实现终身学习。我们邀您共建一个与最聪明的人共同进化的社区，使其成为先进思想交汇的聚集地，这正是我们的使命和价值所在。

CHEERS

湛庐阅读 App
使用指南

读什么

- 纸质书
- 电子书
- 有声书

与谁共读

- 主题书单
- 特别专题
- 人物特写
- 日更专栏
- 编辑推荐

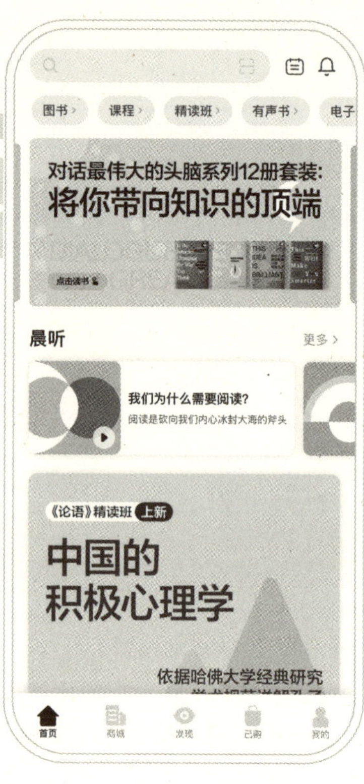

怎么读

- 课程
- 精读班
- 讲书
- 测一测
- 参考文献
- 图片资料

谁来领读

- 专家视点
- 深度访谈
- 书评
- 精彩视频

HERE COMES EVERYBODY

下载湛庐阅读 App
一站获取阅读服务

图书在版编目（CIP）数据

成长的心法 / 朱永新著 . -- 杭州 : 浙江教育出版社 , 2024.1
ISBN 978-7-5722-6455-9

Ⅰ . ①成… Ⅱ . ①朱… Ⅲ . ①家庭教育 Ⅳ . ①G78

中国国家版本馆 CIP 数据核字（2023）第 157159 号

上架指导：家庭教育 / 科学养育

本书法律顾问　北京市盈科律师事务所　崔爽律师

成长的心法
CHENGZHANG DE XINFA
朱永新 著

责任编辑：李　剑
助理编辑：周涵静　苏心怡
美术编辑：韩　波
责任校对：傅美贤
责任印务：陈　沁
封面设计：ablackcover.com

出版发行：浙江教育出版社（杭州市天目山路 40 号）
印　　刷：唐山富达印务有限公司
开　　本：880mm ×1230mm 1/32　　**插　　页：**1
印　　张：6.375　　**字　　数：**150 千字
版　　次：2024 年 1 月第 1 版　　**印　　次：**2024 年 1 月第 1 次印刷
书　　号：ISBN 978-7-5722-6455-9　　**定　　价：**89.90 元

如发现印装质量问题，影响阅读，请致电 010-56676359 联系调换。